Katrin Mayer

Neue Medien im Recruiting

Wie unterscheiden sich Face-to-Face-Interviews von technologiemediierten Auswahlverfahren?

Bibliografische Information der Deutschen Nationalbibliothek:

Die Deutsche Nationalbibliothek verzeichnet diese Publikation in der Deutschen Nationalbibliografie; detaillierte bibliografische Daten sind im Internet über http://dnb.d-nb.de abrufbar.

Impressum:

Copyright © Studylab 2019

Ein Imprint der Open Publishing GmbH, München

Druck und Bindung: Books on Demand GmbH, Norderstedt, Germany

Coverbild: Open Publishing GmbH | Freepik.com | Flaticon.com | ei8htz

Abstract

In der Personalauswahl hat in den letzten Jahren eine zunehmende Digitalisierung stattgefunden. Neue Technologien finden immer mehr Einsatz in Bewerbungsprozessen (Chapman & Rowe, 2001; Melchers, Petrig, & Sauer, 2016, April; Ryan et al., 2015; Stone, Lukaszewski, Stone-Romero, & Johnson, 2013). Neben den vielen Vorteilen, die solche Verfahren mit sich bringen, sind die potentiellen Risiken jedoch weitestgehend ungeklärt. Ziel der vorliegenden Studie war es aus diesem Grund, die Unterschiede zwischen technologie-mediierten Interviews und persönlichen Vorstellungsgesprächen besser zu verstehen. Hierfür wurden 51 Psychologiestudierende der Universität des Saarlandes und der Universität Ulm in einem kontextualisierten Einstellungssetting untersucht. Die Probanden wurden dabei zufällig in eine der drei Interviewbedingungen Face-to-Face Interview, Videokonferenz-Interview und asynchrones Interview eingeteilt. Der vermutete Unterschied in der Interviewleistung konnte nicht nachgewiesen werden. Teilweise bestätigt werden konnte die Annahme über einen Zusammenhang zwischen dem Interviewmedium und der Fairnesswahrnehmung. Ebenso konnte ein Zusammenhang zwischen dem Interviewmedium und der Akzeptanz des Auswahlverfahrens nachgewiesen werden. Ein Zusammenhang zwischen dem Interviewmedium und Privacy Concerns zeigte sich ebenfalls. Ein Unterschied in der Kriteriumsvalidität zwischen den Interviewmodalitäten ergab sich dagegen nicht. Obwohl die Ergebnisse aufgrund der geringen Stichprobengröße nur rein explorativ betrachtet werden können, zeigen sie die Relevanz weiterer Forschung in diesem Bereich auf.

Inhaltsverzeichnis

Abstract III

1 Einleitung 1

2 Theoretischer Hintergrund 2

    2.1 Technologie-mediierte Einstellungsinterviews 2

    2.2 Rolle der Bewerberreaktion 3

    2.3 Privacy Concerns 5

    2.4 Mögliche Auswirkungen auf die Kriteriumsvalidität 6

3 Methoden 8

    3.1 Stichprobe 8

    3.2 Rekrutierung 8

    3.3 Versuchsdurchführung 8

    3.4 Messinstrumente 10

4 Ergebnisse 15

    4.1 Vorbereitende Analysen 15

    4.2 Testung der Hypothesen und der Forschungsfragen 15

5 Diskussion 25

    5.1 Zusammenfassung und Diskussion der Befunde 25

    5.2 Einschränkungen der vorliegenden Studie 31

    5.3 Zukünftige Forschung und praktische Implikationen 31

    5.4 Fazit 33

Literaturverzeichnis 34

Anhang A 41

1 Einleitung

Die Digitalisierung von Prozessen und Abläufen findet immer mehr Einzug in die Arbeitswelt. Neue Technologien werden zunehmend in ehemals analogen Auswahlprozessen eingesetzt (Chapman & Rowe, 2001; Melchers et al., 2017; Ryan et al., 2015; Stone et al., 2013). Einige Beispiele sind Online-Stellenanzeigen, digitale Bewerbungsunterlagen und Online-Tests. Die aufgezählten Aspekte scheinen in erster Linie Vorteile zu haben. Z. B. ist es möglich durch eine räumliche Unabhängigkeit, die online Videokonferenzen bieten, eine höhere Zahl potentieller Bewerber[1] zu erreichen. Weitere Vorteile des Einsatzes neuer Technologien in der Personalauswahl sind reduzierte Anreise- und Personalkosten, ein beschleunigter Auswahlprozess und eine höhere Standardisierung des Ablaufes (Bauer, Truxillo, Mack, & Ana, 2011; Bauer, Truxillo, & Paronto, 2004; Blacksmith, Willford, & Behrend, 2016; Chamorro-Premuzic, Winsborough, Sherman, & Hogan, 2016). Diese Vorteile scheinen jedoch den Blick für etwaige Nachteile getrübt zu haben. So gibt es bisher keine empirischen Befunde zu eventuellen negativen Auswirkungen.

Das wohl am häufigsten eingesetzte Auswahlinstrument stellt das Interview dar (Huffcutt & Culbertson, 2011). Interviews, abgehalten via Telefon, Videokonferenzsysteme oder Chats, stellen die technologie-mediierte Variante des Gespräches dar (Levashina, Hartwell, Morgeson, & Campion, 2014). Verglichen wurden die verschiedenen Modalitäten bisher nur selten, weshalb diesbezüglich noch viele Fragen offen sind (Potosky, 2008). Weitere Forschung ist notwendig, um die Auswirkungen neuer Technologien auf wichtige Aspekte, wie die Reaktionen der Bewerber und den Einfluss auf die Kriteriumsvalidität zu ergründen (Blacksmith et al., 2016). Aus diesem Grund ist das Ziel dieser Studie, mögliche Unterschiede zwischen technologie-mediierten Interviews und Face-to-Face Interviews aufzuzeigen und deren Ursachen näher zu untersuchen.

---

[1] Aus Gründen der einfacheren Lesbarkeit wird auf die geschlechtsneutrale Differenzierung verzichtet. Entsprechende Begriffe gelten im Sinne der Gleichbehandlung grundsätzlich für beide Geschlechter.

2 Theoretischer Hintergrund

2.1 Technologie-mediierte Einstellungsinterviews

Klassische Auswahlinterviews, auch Face-to-Face Interviews genannt, haben sich als Instrument der Personalauswahl bewährt und werden von so gut wie allen Unternehmen mindestens einmal im Bewerbungsprozess eingesetzt – in einigen Fällen sogar als einziges Auswahlinstrument (Huffcutt & Culbertson, 2011; Levashina et al., 2014). Sie sind, wenn sie gut designt und vor allem strukturiert sind, valide Instrumente zur Vorhersage der späteren Arbeitsleistung und werden außerdem von Bewerbern gut akzeptiert (Anderson, Salgado, & Hülsheger, 2010; Huffcutt & Culbertson, 2011; Schmidt & Hunter, 1998). Neben dieser klassischen Form des Interviews steigt der Einsatz technologie-mediierter Interviews kontinuierlich an (Levashina et al., 2014). Diese Interviews können z. B. via Telefon, Videokonferenz-Software oder über Sprachdialogsysteme geführt werden (Blacksmith et al., 2016). Der Fokus dieser Studie liegt auf Videokonferenz-Interviews und asynchronen Interviews.

Videokonferenz-Interviews sind in Zeiten von Skype und schnellen Internetverbindungen weit verbreitet (Sears, Zhang, Wiesner, Hackett, & Yuan, 2013). Hierbei handelt es sich um Interviews, bei denen sich die beiden Gesprächspartner durch eine Videoübertragung sehen und zeitgleich interagieren können. Durch den Umstand, dass die gleichen Kanäle der Informationsübermittlung benutzt werden (z. B. visueller Kontakt zum Gesprächspartner; nonverbale Kommunikation) besteht eine relativ große Ähnlichkeit zu klassischen Face-to-Face Interviews.

Bei asynchronen Interviews, auch digitale Interviews (Langer, König, & Krause, 2017) bzw. Videointerviews (Toldi, 2011) genannt, werden die Antworten auf vorgegebene, in Textform präsentierte Fragen per Webcam und Mikrofon aufgenommen. Die Beurteilung der Bewerber erfolgt nach der Aufzeichnung, sodass keine zeitgleiche Interaktion zur Durchführung des Interviews notwendig ist, was gerade bei Bewerbern, die sich in einer anderen Zeitzone als der Interviewer befinden, von Vorteil ist (Brenner, Ortner, & Fay, 2016). Ein weiterer Vorteil von asynchronen Interviews ist die garantierte Standardisierung des Verfahrens, da die Fragen immer in der gleichen Reihenfolge und Form präsentiert werden.

In bisherigen Studien hat sich jedoch gezeigt, dass Bewerber in technologie-mediierten Interviews schlechter beurteilt werden als in persönlichen Vorstellungsgesprächen (Blacksmith et al., 2016; Melchers et al., 2017; Sears et al., 2013).

Konsistent mit diesen Ergebnissen wird erwartet, dass die Interviewleistung in den Face-to-Face Interviews besser bewertet wird als in Videokonferenz-Interviews und asynchronen Interviews.

Hypothese 1: Die Interviewleistung ist in Face-to-Face Interviews besser als in Videokonferenz-Interviews und asynchronen Interviews.

Die Frage nach den Ursachen für diese Unterschiede ist bisher nur teilweise geklärt. Mögliche Erklärungen dafür und welche Auswirkungen dies auf die Kriteriumsvalidität haben könnte, soll im Folgenden erörtert werden.

2.2 Rolle der Bewerberreaktion

Ein wichtiger Aspekt bei der Untersuchung von Auswahlverfahren ist nicht nur die Leistung der Bewerber, sondern auch ihre Reaktion auf das Verfahren und die damit verbundenen Konsequenzen. Hinsichtlich dem Vergleich von verschiedenen Interviewmodalitäten zeigte eine Metaanalyse von Blacksmith und Kollegen (2016) mehr negative Bewerberreaktionen bei technologie-mediierten Interviews als bei Face-to-Face Interviews. Eine mögliche Erklärung hierfür liefert Gillilands Fairnessmodell von Auswahlverfahren (Gilliland, 1993).

Gilliland beschreibt in seinem Modell zehn prozedurale Fairnessregeln, die sich auf die Gesamt-Fairnesswahrnehmung eines Auswahlverfahrens auswirken und die Bewerberwahrnehmungen und -reaktionen beeinflussen können. Frühere Studien haben gezeigt, dass die Fairnesswahrnehmung unter anderem die Wahrnehmung der Attraktivität eines Unternehmens und die Verhaltensintentionen von Bewerbern beeinflussen kann (Hausknecht, Day, & Thomas, 2004), genauso wie die Absicht ein Stellenangebot anzunehmen (Harold, Holtz, Griepentrog, Brewer, & Marsh, 2016). In Bezug auf die Fairnessregeln von Gilliland konnte in einer früheren Studie gezeigt werden, dass bei Videokonferenz-Interviews die „opportunity to perform" schlechter bewertet wurde als in Face-to-Face Interviews (Sears et al., 2013). Dies könnte daran liegen, dass nicht alle non-verbalen Kommunikationskanäle uneingeschränkt eingesetzt werden können. Auf der anderen Seite ist auch die Wahrnehmung von nonverbalen Nachrichten eingeschränkt, weswegen die Regel „interpersonal effectiveness of administrator" beeinträchtigt sein könnte. Zudem konnte in der Studie von Sears und Kollegen (2013) eine schlechtere Bewertung von „job relatedness" und „selection information" bei den Videokonferenz-Interviews im Vergleich zu Face-to-Face Interviews aufgezeigt werden.

Bei einem asynchronen Interview können noch weit mehr Regeln von einer Verletzung betroffen sein. Da der Informationsfluss alleine vom Interviewten ausgeht, könnten die Regeln „reconsideration opportunity", „feedback", „honesty", „two-way communication" und „propriety of questions" als nicht voll erfüllt wahrgenommen werden. Diese Überlegungen stimmen überein mit Befunden von Langer und Kollegen (2017). In der Studie konnte aufgewiesen werden, dass Bewerber mehr negative Reaktionen in Bezug auf asynchrone Interviews im Vergleich zu Videokonferenz-Interviews zeigten.

Eine Verletzung der Fairnessregeln kann laut Gilliland Einfluss auf die Bewerberreaktionen während und nach dem Bewerbungsprozess sowie auf die Selbstwahrnehmung des Bewerbers haben. Eine weitere Konsequenz von verletzten Fairnessregeln kann eine verringerte Testmotivation sein, was wiederrum zu einer verringerten Testleistung führen kann (Chan, Schmitt, DeShon, Clause, & Delbridge, 1997). Aus diesem Grund lautet die zweite Hypothese wie folgt.

Hypothese 2a: In technologie-mediierten Einstellungsinterviews ist die Fairnesswahrnehmung der Teilnehmer geringer als in der Gruppe, die ein Face-to-Face Interview durchführt.

Hypothese 2b: Eine geringere Fairnesswahrnehmung führt, mediiert durch die Testmotivation, zu einer geringeren Testleistung.

Ein weiterer wichtiger Einflussfaktor auf Bewerberreaktionen ist die Akzeptanz eines Auswahlverfahrens. Dieses Thema gewinnt aufgrund des fortschreitenden Fachkräftemangels und der gleichzeitigen Suche nach qualifiziertem Personal immer mehr an Relevanz (Kersting, 2008). So scheint sich eine positive Wahrnehmung eines Auswahlprozesses nicht nur günstig auf das Ansehen der Organisation auszuwirken, sondern führt auch dazu, dass Bewerber vermehrt dazu tendieren, ein Stellenangebot anzunehmen und die Organisation anderen potentiellen Bewerbern weiterzuempfehlen (Hausknecht et al., 2004). Bisherige Studien (z. B. Anderson et al., 2010; Hausknecht et al., 2004) konnten zeigen, dass Interviews von Bewerbern im Vergleich zu anderen Auswahlverfahren sehr gut akzeptiert werden. Weniger gut untersucht ist die Akzeptanz bezüglich der Modalität von Auswahlverfahren. Wie bereits erwähnt konnten Blacksmith und Kollegen (2016) zwar in ihrer Metaanalyse zeigen, dass Bewerber negativer auf technologie-mediierte Interviews reagieren, jedoch ist die Befundlage bezüglich der Akzeptanz verschiedener Interviewmedien bislang unklar. Zudem fanden asynchrone Interviews in der

Metaanalyse noch keine Beachtung. Aus diesem Grund lautet die erste Forschungsfrage:

Forschungsfrage 1: Gibt es Unterschiede in der Akzeptanz von Face-to-Face Interviews, Videokonferenz-Interviews und asynchronen Interviews?

2.3 Privacy Concerns

Ein weit verbreitetes Thema in der heutigen Zeit ist die Angst, anderen Personen ungewollt private Daten über das Internet zugänglich zu machen (Bauer et al., 2006). Bei einem Einstellungsverfahren werden häufig sehr viele private Daten erfragt, weshalb es unter Umständen zu Bedenken bezüglich der Weitergabe dieser Daten kommen kann. Ein kritischer Punkt ist hierbei die Videoaufnahme des Interviews. Während sich die Bewerber bei Face-to-Face Interviews sicher sein können, ob das Gespräch aufgezeichnet wird oder nicht, besteht diese Sicherheit bei technologie-mediierten Interviews nicht. Bei dieser Art von Interview besteht die Möglichkeit von Seiten des Unternehmens, das Gespräch aufzunehmen, ohne dass der Bewerber dies wahrnehmen kann. Bei asynchronen Interviews können die Bewerber sich zwar sicher sein, dass sie aufgezeichnet werden, doch bei mangelnder Aufklärung ist nicht ersichtlich, was mit den gespeicherten Daten im Anschluss passiert und welche Personen Zugriff auf diese haben. Die Bedenken in Bezug auf den Umgang mit elektronisch erfassten privaten Daten werden unter dem Konstrukt „Privacy Concerns" (Bauer et al., 2006) zusammengefasst. Bauer und Kollegen (2011) führen auf, dass Privacy Concerns dazu führen könnten, dass technologiemediierten Auswahlverfahren skeptischer gegenübergestanden wird. Zudem vermuten die Autoren, dass ein Zusammenhang zwischen Privacy Concerns und einigen von Gillilands (1993) Fairnessregeln bestehen könnte. Konsistent mit früheren Befunden (z. B. Harris, 2006; Linowes, 1989; Piller, 1993; Stone & Stone, 1990; Stone, Stone-Romero, & Lukaszewski, 2003) lautet die dritte Hypothese aus diesem Grund wie folgt.

Hypothese 3a: Technologie-mediierte Interviews lösen höhere Privacy Concerns bei den Teilnehmern aus als Face-to-Face Interviews.

Hypothese 3b: Technologie-mediierte Interviews führen mediiert durch erhöhte Privacy Concerns zu einer verminderten Fairnesswahrnehmung im Vergleich zu Face-to-Face Interviews.

Bei der Nutzung von Computern spielt die Selbstwirksamkeit in Bezug auf dieses Feld eine wichtige Rolle bei der Wahrnehmung dieses Prozesses (Cassidy & Eachus,

2002). Compeau und Higgins (1995) fanden heraus, dass eine hohe Selbstwirksamkeit in Bezug auf Computer (Computer Self-efficacy) mit einer positiveren Wahrnehmung der Benutzung dieser Computer einhergeht. Aus diesem Grund lautet der letzte Teil der Hypothese:

Hypothese 3c: Das Interviewmedium führt moderiert durch Computer Self-efficacy zu stärkeren Privacy Concerns in der Gruppe der technologie-mediierten Interviews als in der Gruppe der Face-to-Face Interviews.

2.4 Mögliche Auswirkungen auf die Kriteriumsvalidität

Die abschließende Frage ist, ob sich die Unterschiede in den Bewerberreaktionen, die durch die unterschiedlichen Medien hervorgerufen werden, auf die Messung des zu erfassenden Kriteriums auswirken. In Bezug auf die Kriteriumsvalidität von technologie-mediierten Interviews gibt es bisher nur sehr wenige Befunde.

Einige Hinweise auf eine mögliche Beeinflussung durch das Interviewmedium finden sich jedoch bei Betrachtung der Unterschiede der verschiedenen Medien. Ein breites Feld an Untersuchungen gibt es in dem Bereich von standardisierten Interviews (z. B. Conway, Jako, & Goodman, 1995; Huffcutt & Arthur, 1994; Huffcutt, Culbertson, & Weyhrauch, 2014; McDaniel, Whetzel, Schmidt, & Maurer, 1994; Wiesner & Cronshaw, 1988). Unzweifelhaft ist anzunehmen, dass mit der Strukturierung eines Interviews dessen Validität steigt. Technologie-mediierte Interviews und hier vor allem asynchrone Interviews, bieten die Möglichkeit eines sehr hohen Levels an Standardisierung, was für eine erhöhte Kriteriumsvalidität spricht. Zudem können die Bewerber die Zeit der Durchführung frei wählen. Da die kognitiven Leistungen besser sind, wenn der Testzeitpunkt entsprechend der persönlichen Präferenzen gewählt werden kann (Goldstein, Hahn, Hasher, Wiprzycka, & Zelazo, 2007), können Bewerber durch zeitliche Flexibilität ihre maximale Leistung zeigen.

Für eine höhere Kriteriumsvalidität in technologie-mediierten Interviews sprich außerdem, dass durch das Wegfallen bzw. die Einschränkung visueller Hinweisreize durch z. B. den begrenzten Aufnahmebereich einer Webcam in diesen Interviews Distraktoren wie physische Attraktivität oder Selbstdarstellungsverhalten einen geringeren Einfluss auf die Leistungsbewertung haben könnten (Blacksmith et al., 2016).

Demgegenüber steht, dass technische Störungen oder das Fehlen einer geeigneten Umgebung zur Durchführung eines Videokonferenz-Interviews die Kriteriumsvalidität negativ beeinflussen können. Aufgrund der geringen Befundlage und keiner klaren Richtungsannahme lautet die zweite Forschungsfrage:

Forschungsfrage 2: Wird die Kriteriumsvalidität von Einstellungsinterviews durch das Durchführungsmedium beeinflusst?

3 Methoden

3.1 Stichprobe

Untersucht wurde eine Stichprobe bestehend aus 51 Psychologiestudierenden der Universität Ulm und der Universität des Saarlandes (Ulm N = 32, Saarbrücken N = 19) im Alter zwischen 20 und 32 Jahren (M = 24, SD = 2.49). Der Anteil weiblicher Versuchspersonen betrug 80,4 %.

3.2 Rekrutierung

Rekrutiert wurden die Versuchspersonen über den E-Mail-Verteiler der Universität Ulm und der Universität Saarbrücken, durch Aushänge und Direktansprache. Psychologiestudierende im Bachelorstudiengang konnten durch die Teilnahme für ihren Abschluss relevante Versuchspersonenstunden sammeln. Studierende, welche diese nicht benötigten, erhielten als Teilnahmeentlohnung 12,50 €. Allen Versuchspersonen wurde die Möglichkeit zu einer individuellen Rückmeldung ihrer Interviewleistung angeboten. Zusätzlich erhielten die besten zehn Prozent der Teilnehmer eine Kinobox im Wert von 13,90 €. Voraussetzung für die Teilnahme war das Studium der Psychologie an einer der beiden aufgeführten Universitäten im dritten Bachelorsemester oder in einem höheren Fachsemester.

3.3 Versuchsdurchführung

Der Versuchsaufbau bestand aus drei Teilen: Einem Onlinefragebogen vor dem Interview, einem Interview und einem Onlinefragebogen nach der Durchführung des Interviews. Alle Skalen wurden auf einem fünfstufigen Antwortformat beantwortet. Alle modifizierten Items befinden sich in Anhang A.

Zum ersten Fragebogen gelangte die Probanden über einen Link in den E-Mails zur Rekrutierung oder über das Scannen eines QR-Codes auf den Rekrutierungsaushängen. Der Fragebogen enthielt zunächst die Teilnehmeraufklärung und die Einverständniserklärung, welche durch den Klick auf einen Button bestätigt werden musste, um an der Studie teilzunehmen. Im Anschluss daran mussten die Versuchspersonen einen Code generieren, der der Zuordnung der verschiedenen Daten diente. Abgefragt wurden daraufhin verschiedene demografische Daten, unter anderem ausgewählte Noten aus dem Psychologiestudium. Danach wurde in einem kurzen Text erklärt, was technologie-mediierte Interviews sind und die Erfahrung in der Durchführung von Einstellungsinterviews erfragt. Des Weiteren wurden

University Citizenship Behavior, Studienzufriedenheit, kontraproduktives Verhalten im Studium, Neigung zum Studienabbruch, verschiedene Persönlichkeitsvariablen, Core Self-evaluations, Privacy Concerns und Computer Self-efficacy erfragt. An dieser Stelle fand eine randomisierte Zuteilung der Probanden durch das Programm Unipark (Questback GmbH, 2017) in eine von drei Bedingungen statt: Face-to-Face Interviews ($N = 15$), Videokonferenz-Interviews ($N = 18$) und asynchrone Interviews ($N = 18$). Je nach Bedingung erhielten die Versuchspersonen einen kurzen Informationstext über das jeweilige Interviewmedium. In Bezug darauf sollten sie dann die Interviewpräferenz und die Fairnesswahrnehmung angeben. Zum Abschluss wurde die Testmotivation erfragt. Die Probanden, die den Face-to-Face bzw. Videokonferenz-Interviews zugewiesen wurden erhielten auf der letzten Seite des Fragebogens die Instruktion, sich für einen Termin für ein Einstellungsinterview einzutragen. Die Probanden, die den asynchronen Interviews zugeordnet wurden, erhielten die Instruktion, ihre E-Mail-Adresse für eine weitere Kontaktaufnahme zu hinterlassen.

Bei dem Interview handelte es sich um zehn Fragen zum Studium und dem Verhalten der Teilnehmer während des Studiums. Vier der Fragen waren biografisch und sechs Fragen situativ gestellt. Der Ablauf der Instruktion und der Fragen war standardisiert und verlief bei allen Probanden gleich. Der vollständige Interviewbogen befindet sich in Anhang A. Zur Implikation einer Bewerbungssituation wurden die Teilnehmer gebeten, sich entsprechend eines Einstellungsinterviews zu kleiden. Auch die Interviewer erschienen zum Interview in entsprechender Kleidung. Die Versuchspersonen wurden während des Interviews gesiezt.

Die Face-to-Face Interviews wurden in Räumen der Universität Ulm und der Universität Saarbrücken durchgeführt. Anwesend waren jeweils ein Teilnehmer und ein Interviewer. Das Gespräch wurde mit einer Videokamera aufgenommen. Zunächst wurde der Versuchspersonencode erfragt. Im Anschluss wurde die Instruktion vorgelesen und die Fragen wurden gestellt. Zum Abschluss sollten die Probanden einen Onlinefragebogen an einem Laptop ausfüllen.

Die Videokonferenz-Interviews wurden ebenfalls in Räumen der Universität Ulm und der Universität Saarbrücken durchgeführt oder in vergleichbaren privaten Räumlichkeiten. Verwendet wurde das Programm Skype. Den Probanden wurde für die Zeit des Interviews ein vorher angelegter Skype-Account zur Verfügung gestellt. Die Durchführung verlief wie in den Face-to-Face Interviews. Während des Interviews wurde der Bildschirm des Interviewers mit Hilfe des Programms Screncast-O-Matic ("Screencast-O-Matic," 2016) gefilmt. Zum Abschluss erhielten die

Teilnehmer einen Link zu dem Onlinefragebogen und wurden gebeten, diesen sofort auszufüllen.

Die asynchronen Interviews wurden mit einem Online-Tool der Firma Viasto ("viasto interview suite," 2018) durchgeführt. Die Teilnehmer erhielten per E-Mail eine Einladung zu dem Interview, zu dem sie über einen Link gelangten. Nach Versenden der Einladung hatten die Probanden zehn Tage Zeit, das Interview durchzuführen, anderenfalls wurde der Link ungültig. Über den Link gelangten die Versuchspersonen zu dem Online-Tool. Abweichend von den anderen beiden Interviewformen wurde hier eine kurze Instruktion zum Tool aufgeführt bevor die eigentliche Interviewinstruktion folgte. Die Interviewfrage war jeweils für eine Minute auf dem Bildschirm zu sehen. Anschließend wurde automatisch in die Aufnahmefunktion gewechselt. Während dieser Zeit wurde die Webcam des Computers aktiviert und die Teilnehmer konnten auf die Interviewfrage antworten. Die Kamera blieb drei Minuten aktiviert, bevor die Aufnahmefunktion automatisch beendet wurde und die nächste Frage auf dem Bildschirm erschien. Wollten die Probanden die Aufnahme vorzeitig beenden, konnten sie dies durch den Klick auf einen Button. Nach Beendigung des Interviews erhielten die Versuchspersonen per E-Mail einen Link für den Onlinefragebogen.

Der abschließende Fragebogen enthielt Skalen zur Fairnesswahrnehmung, Interview-Präferenz, Akzeptanz und Privacy Concerns. Sowohl der erste, als auch der zweite Fragebogen enthielten weitere Skalen auf die in dieser Arbeit nicht näher eingegangen wird, da die Studie im Rahmen eines größeren Projekts durchgeführt wurde. Eine grafische Darstellung des Ablaufplans ist in Abbildung 1 zu finden.

3.4 Messinstrumente

Interviewleistung. Die Probanden wurden durch jeweils zwei unabhängige Personen bewertet. Die erste Bewertung fand unmittelbar nach Durchführung des Interviews durch den Interviewer statt. Die zweite Bewertung fand durch eine zweite Person anhand der Videoaufnahme des Interviews statt. Alle Bewerter erhielten im Voraus eine Interviewer-Schulung. Die Bewertungsskala reichte von eins (sehr schlecht) bis fünf (sehr gut). Für drei Kategorien (gut, mittel, schlecht) waren jeweils Antwortanker vorgegeben, an denen sich die Bewerter orientieren konnten. Jede der zehn Fragen wurde einzeln bewertet. Die Gesamtinterviewleistung ergibt sich durch den Summenscore aller Interviewfragen. Cronbach's α für die Interraterreliabilität der Bewerter lag bei .86. Für die Auswertung wurden ausschließlich die Ergebnisse des ersten Bewerters verwendet.

Methoden

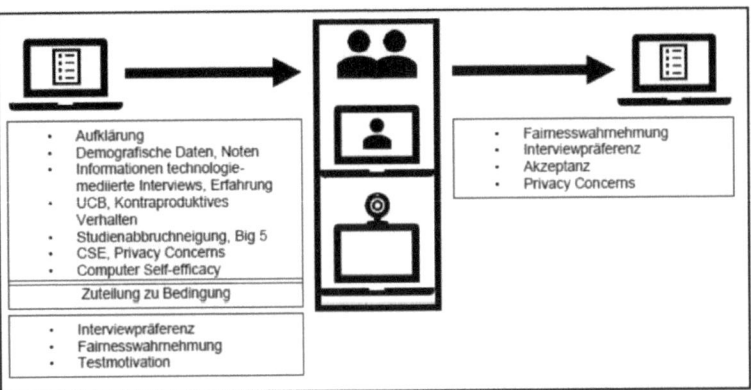

Abbildung 1. Ablaufplan der Versuchsdurchführung

Studienleistung. Für die Operationalisierung der Studienleistung wurde die aktuelle Durchschnittsnote der Probanden erfragt. Masterstudierende sollten ihre Bachelordurchschnittsnote angeben. Zusätzlich wurden die Noten mehrere Fächer erfragt. Eine Übersicht findet sich in Anhang A.

Fairnesswahrnehmung. Die Fairnesswahrnehmung wurde sowohl im ersten, als auch im zweiten Fragebogen erhoben. Im ersten bezieht sich die Instruktion auf die antizipierte Fairness in Bezug auf die jeweils vorgestellte Interviewmodalität und im zweiten auf die wahrgenommene Fairness in Bezug auf das durchgeführte Interview.

Verwendet wurden fünf Subskalen der Selection Procedural Justice Scale (Bauer et al., 2001) in einer deutschen Übersetzung von Gurk (2004). Die Skalen beinhalten zwei Items zu „job relatedness" (z. B." Ein gutes Ergebnis in einem solchen Interview bedeutet, dass eine Person die Anforderungen im Master-Studium gut bewältigen kann.", prä Cronbach's α = .80, post Cronbach's α = .77). , vier Items zur „opportunity to perform" (z. B. „In einem solchen Interview könnte ich meine Fähigkeiten und Fertigkeiten unter Beweis stellen."; prä Cronbach's α = .87, post Cronbach's α = .84), vier Items zu „two way communication" (z. B. „Während eines solchen Interviews gibt es genügend Kommunikation."; prä Cronbach's α = .81, post Cronbach's α = .84) und zwei Items zur Gesamteinschätzung der Verfahrensgerechtigkeit (z. B. „Ich glaube, dass dieses Interview eine faire Art ist, Personen für die von mir vorgestellte Stelle auszuwählen."; prä Cronbach's α = .81, post Cronbach's α = .68). Zusätzlich wurden viert Items zur Flexibilität der Terminabsprache konstruiert (z. B. „Ich denke, dass dies eine effiziente Methode ist, Bewerbungsgespräche durchzuführen."; prä Cronbach's α = .81, post Cronbach's α = .67). Die Items wurden für ein Einstellungsverfahren durch ein Interview kontextualisiert. Für die Gesamtskalen ergab sich in Bezug auf die antizipierte Fairness ein Cronbach's α von .75 und für die Fairnesswahrnehmung nach Durchführung des Interviews ein Cronbach's α von .81.

Akzeptanz. Die Akzeptanz des Interviews wurde mit 22 Items des Akzept!-I (Kersting, 2008) erfasst (z. B. „Was ich auf solche Fragen antworte, geht diejenigen, die das Interviewergebnis erhalten, nichts an."; Cronbach's α = .88). Zudem wurden mit den zwei Zusatzitems des Akzept!-I die Gesamtakzeptanz des Interviews und die Selbsteinschätzung der eigenen Leistung im absolvierten Interview erhoben. Die Items wurden für die Studierendenauswahl kontextualisiert.

Testmotivation. Testmotivation wurde anhand von fünf Items der Motivationsskala des Test Attitude Survey (TAS; Arvey, Strickland, Drauden, & Martin, 1990) erhoben. Cronbach's α betrug .92. Die Items wurden vom Englischen ins Deutsche übersetzt.

Privacy Concerns. Privacy Concerns wurden als momentane Ausprägung (State) und als Persönlichkeitseigenschaft (Trait) erfasst. Für die Erfassung der Trait-Ausprägung wurden fünf Items von Malhotra, Kim und Agarwal (2004; z. B. " Alle persönlichen Informationen in computergestützten Datenbanken sollten doppelt auf ihre Genauigkeit überprüft werden - egal wie hoch die Kosten sind.") und vier Items von Harris, Hoye und Lievens (2003; z. B. " Auch in die sicherste Internetverbindung kann eingebrochen werden, wenn jemand möchte.") verwendet. Cronbach's α betrug .52. Alle Items wurden vom Englischen ins Deutsche übersetzt.

Für die momentane Ausprägung wurden zwei Items von Malhotra und Kollegen (2004, z. B. „In einem solchen Interview ist es mir wichtig, dass meine Privatsphäre geschützt ist."), zwei Items von Langer und Kollegen (2017, z. B. "Solche Interviews bedrohen die Privatsphäre der Teilnehmer") und ein Item von Smith, Milberg und Burke (1996, "Die Informationen, die ich im Interview preisgegeben habe, werde sich verwahrt"). Cronbach's α betrug .83. Alle Items wurden vom Englischen ins Deutsche übersetzt.

Computer Self-efficacy. Computer Self-efficacy wurde anhand von sechs Items von Langer, König und Fitili (2018, z. B. „Ich habe Schwierigkeiten, wenn ich versuche, den Umgang mit einem neuen Computerprogramm zu erlernen.") und neun Items von Cassidy und Eachus (2002; z. B. "Ich finde das Arbeiten mit Computern sehr einfach.") gemessen. Cronbach's α betrug .86. Die Items von Cassidy und Eachus (2002) wurden vom Englischen ins Deutsche übersetzt.

University Citizenship Behavior. University Citizenship Behavior (UCB) wurde mittels vier Unterskalen von Zettler (2011) erfasst (*Gewissenhaftigkeit* „Ich organisiere bevorstehende Lernphasen frühzeitig."; *Unkompliziertheit* z. B. „Ich besuche zusätzliche Veranstaltungen, wenn sie mein Studium sinnvoll ergänzen."; *Hilfsbereitschaft* z. B. „Ich helfe Kommiliton*innen, denen der Lernstoff Verständnisprobleme bereitet."; *Eigeninitiative* z. B. „Ich setze mich aktiv für das studentische Gemeinwohl ein (z. B. in der Fachschaft)."). Cronbach's α betrug .63. Die Items wurden vom Englischen ins Deutsche übersetzt.

Studienzufriedenheit. Die momentane Studienzufriedenheit wurde mit drei Unterskalen von Westermann, Elke, Spies und Trautwein (1996) erhoben (*Zufriedenheit mit Inhalten* z. B. „Ich habe richtig Freude, an dem was ich studiere.", *Zufriedenheit mit Studienbedingungen* z. B. „Ich wünschte mir, dass die Studienbedingungen an der Uni besser wären.", *Zufriedenheit mit Studienbelastung* z. B. „Ich kann mein Studium nur schwer mit anderen Verpflichtungen in Einklang bringen."). Cronbach's α betrug .84.

Kontraproduktives Verhalten. Kontraproduktives Verhalten wurde anhand zwei Unterskalen von Bennett and Robinson (2000) erfasst (*Interpersonelle Devianz* z. B. „Ich habe mich über Kommiliton*innen lustig gemacht.", *Organisationale Devianz* z. B. „Ich habe Eigentum der Universität ohne Erlaubnis mitgenommen."). Cronbach's α betrug .84.

Abbruchintentionen. Die momentane Neigung zum Studienabbruch wurde anhand von fünf Items von Steiner (2012) erfasst (z. B. „Ich habe mich schon nach Alternativen zu diesem Studium umgesehen."). Aufgrund einer niedrigen Item-Skala-Korrelation ($r = .06$) und einer Verbesserung von Cronbach's α bei Ausschluss (.64 vs .74) wurde Item 3 nicht in die Skala einbezogen. Zusätzlich wurde mit jeweils einem Item die persönlich wahrgenommenen Abbruchintentionen und die Neigung zum Fachwechsel erfragt.

Persönlichkeitseigenschaften. Für die Erhebung der Persönlichkeitseigenschaften wurde die deutsche Version des International Personality Item Pools (IPIP 40; Goldberg, 1999) von Harting, Jude und Rauch (2003) verwendet. Für jede der fünf Skalen wurden vier Items ausgewählt. Eine Übersicht der Skalen und deren Reliabilitäten ist in Tabelle 1 zu finden. Bei der Skala für Verträglichkeit wurde Item 4 aufgrund einer niedrigen Item-Skala-Korrelation ($r = .26$) und einer Verbesserung von Cronbach's α bei Ausschluss (.62 vs .76) nicht in die Skala einbezogen.

Methoden

	Cronbach's α	Beispielitem
Offenheit	.77	Ich habe eine lebhafte Phantasie.
Gewissenhaftigkeit	.80	Ich erledige unangenehme Verpflichtungen sofort
Verträglichkeit	.76	Ich habe Verständnis für die Gefühle anderer.
Neurotizismus	.68	Ich habe häufig Stimmungsschwankungen
Extraversion	.70	Ich bin gerne im Zentrum des Geschehens

Tabelle 1. Cronbach's α und Beispielitems der Big 5 Skalen

Core Self-Evaluations. Core Self-Evaluations wurden mittels einer deutschen Version der Core Self-Evaluations Scale (CUSE; Judge, Erez, Bono, & Thoresen, 2003) von Stumpp, Muck, Hülsheger, Judge und Maier (2010; z. B. " Ich bin zuversichtlich, im Leben den Erfolg zu bekommen, den ich verdiene.", Cronbach's α = .88) erhoben.

Interviewpräferenz. Die Interviewpräferenz wurde vor und nach der Durchführung des Interviews gemessen. Erfasst wurde sie mit jeweils einem Item (z. B. „Wenn Sie sich jetzt tatsächlich für ein Master-Studium bewerben würden, wie gerne würden Sie an dieser Art des Interviews teilnehmen?")

Demografische Daten. An demografischen Daten wurde das Geschlecht, das Alter, die Muttersprache, die Abiturnote, die Semesteranzahl (Studiensemester und Fachsemester), der höchste akademische Abschluss und ob eine Berufstätigkeit besteht abgefragt. Zusätzlich wurde abgefragt, ob bereits Erfahrungen mit verschiedenen Einstellungsinterviews vorlagen.

4 Ergebnisse

4.1 Vorbereitende Analysen

Zunächst wurde überprüft, ob die drei Gruppen (Face-to-Face Interview, Videokonferenz-Interview, asynchrones Interview) durch die Zufallszuteilung vergleichbar waren. Hinsichtlich des Alters ($F(2,48) = 1.47$, n.s.), der Abiturnote ($F(2,48) = .18$, n.s.), des Fachsemesters ($F(2,48) = .11$, n.s.) und der aktuellen Durchschnittsnote ($F(2,48) = 1.33$, n.s.) unterschieden sich die Gruppen nicht signifikant. Zur Überprüfung der Gleichverteilung der Universitätszugehörigkeit (Ulm oder Saarbrücken) und des Geschlechts wurde ein X^2-Test durchgeführt. Die Universitätszugehörigkeit verteilt sich gleich über beide Gruppen ($X^2(1, N = 51) = 3.14$, n.s.). Hinsichtlich des Geschlechts ergibt sich ein signifikanter Unterschied zwischen den Gruppen ($X^2(1, N = 51) = 18.84, p < .01$). Bezüglich der Erfahrung mit Einstellungsinterviews unterscheiden sich die Gruppen nicht signifikant ($F(2,48) = 1.25$, n.s.). Bei zusätzlich aufgenommenen Kontrollvariablen zeigt sich ein Unterschied zwischen den Gruppen bei Offenheit ($F(2,48) = 3.59, p < .05$) und Gewissenhaftigkeit ($F(2,48) = 3.36, p < .05$). In Bezug auf University Citizenship Behavior ($F(2,48) = 2.05$, n.s.), Studienzufriedenheit ($F(2,48) = .43$, n.s.), kontraproduktives Verhalten ($F(2,48) = .25$, n.s.), Abbruchintention ($F(2,48) = 1.08$, n.s.), Verträglichkeit ($F(2,48) = .42$, n.s.), Neurotizismus ($F(2,48) = 1.03$, n.s.), Extraversion ($F(2,48) = 2.10$, n.s.), Core Self Evaluations ($F(2,48) = .85$, n.s.) und Neugier ($F(2,48) = .41$, n.s.) zeigt sich kein signifikanter Unterschied zwischen den Gruppen.

4.2 Testung der Hypothesen und der Forschungsfragen

Hypothese 1 beschäftigte sich mit dem Zusammenhang zwischen dem Interviewmedium und der Interviewleistung in Einstellungsinterviews. Es wurde davon ausgegangen, dass das Interviewmedium Auswirkungen auf die Interviewleistung der Teilnehmer hat. Konkret wurde angenommen, dass die Leistung in technologiemediierten Interviews schlechter ist als in Face-to-Face Interviews. Hierfür wurden zunächst die Probanden der Videokonferenz-Interviews und der asynchronen Interviews in einer Gruppe zusammengefasst und anschließend ein t-Test für unabhängige Stichproben durchgeführt. Für die einseitige Testung ergab sich ein nicht signifikantes Ergebnis ($t(49) = -.11$, n.s.).

Ergebnisse

	Variable	N	M (SD)	1.	2.	3.	4.	5.	6.	7.	8.	9.	10.	11.	12.	13.	14.	15.	16.	17.	18.	19.	20.	21.
1.	Bedingung	51	- (-)	(-)																				
2.	Interviewleistung	51	38.69 (3.69)	.17	(.86)																			
3.	Job relatedness (prä)	51	2.96 (.77)	-.12	.34*	(.80)																		
4.	Opportunity to perform (prä)	51	3.00 (.83)	-.42**	.10	.50**	(.87)																	
5.	Einschätzung Verfahrensfairness (prä)	51	3.02 (.84)	-.34*	-.14	.53**	.58**	(.81)																
6.	Two-way communication (prä)	51	3.12 (.88)	-.29*	-.29*	.22	.25	.41**	(.81)															
7.	Flexibilität (prä)	51	3.78 (.84)	-.60**	.03	-.04	-.18	.02	-.34*	(.81)														
8.	Gesamtfairness (prä)	51	3.22 (.46)	.69**	-.04	.64**	.72**	.80**	.57**	-.21	(.75)													
9.	Job relatedness (post)	51	2.99 (.79)	-.26	.14	.47**	.42**	.41**	.06	.07	.41**	(.77)												
10.	Opportunity to perform (post)	51	3.06 (.67)	-.27	.14	.53**	.31*	.47**	.06	.07	.41**	.41**	(.84)											
11.	Two-way communication (post)	51	3.29 (1.02)	-.12	-.26	.19	.20	.34*	.65**	-.36**	.35*	.24	.30*	(.84)										
12.	Einschätzung Verfahrensfairness (post)	51	3.09 (.77)	-.58**	-.14	.18	.23	.38**	.18	-.00	.31*	.30*	.61**	.55**	(.86)									
13.	Flexibilität (post)	51	4.09 (.73)	-.30*	-.01	-.05	-.14	.08	-.30*	.69**	.12	.10	.16	-.05	.14	(.67)								
14.	Gesamtfairness (post)	51	3.37 (.51)	.47**	-.09	.37**	.28*	.50**	.29*	.05	.47**	.54**	.73**	.73**	.77**	.43*	(.81)							
15.	Testmotivation	51	3.81 (.75)	-.27	.05	.27	.56**	.53**	.44**	-.12	.58**	.29*	.16	.31*	.20	.02	.31*	(.92)						
16.	Akzeptanz	51	3.78 (.44)	-.39**	-.05	.37**	.38**	.50**	.23	-.09	.43**	.47**	.54**	.53**	.55**	.20	.70**	.36*	(.88)					
17.	Privacy Concerns Trait	51	3.63 (.38)	-.40**	-.06	-.01	.04	.19	.15	.03	.14	-.06	.19	-.06	.20	-.16	.01	.16	.10	(.52)				
18.	Privacy Concerns State	51	2.76 (.72)	-.03	.02	-.44**	-.32*	-.35*	-.38**	.11	-.44**	-.20	-.23	-.40**	-.10	-.04	-.35*	-.25	-.41**	.27	(.83)			
19.	Computer Self-efficacy	51	3.62 (.47)	.35*	-.05	.18	-.10	.11	.27	.18	.23	.09	.09	.04	-.04	.14	.08	.15	.18	.23	-.05	(.86)		
20.	UCB	51	3.72 (.37)	-.03	.12	.01	.04	.08	.05	.32*	.20	.06	.30*	-.01	.21	.24	.23	.04	.18	.23	.01	.04	(.63)	
21.	Durchschnittsnote Bachelor	51	1.72 (.48)	.12	-.04	.06	-.10	-.08	-.08	-.13	-.15	-.03	.04	-.08	-.04	-.06	-.06	-.15	-.13	.17	.06	-.12	-.08	(-)

Tabelle 2. Deskriptive Angaben und Korrelationen der verschiedenen Fragebogenmaße

Anmerkungen. Werte in der Diagonalen geben interne Konsistenzen (Cronbach's α) der einzelnen Skalen an. * p < .05 ** p < .01

Um zu überprüfen ob ein Unterschied zwischen den einzelnen Interviewgruppen besteht wurden eine einfaktorielle ANOVA mit den drei Interviewgruppen berechnet. Auch diese zeigte keine signifikanten Ergebnisse ($F(2,48) = 2.50$, n.s.). Hypothese 1 muss aus diesem Grund abgelehnt werden.

Hypothese 2a beschäftigte sich mit dem Zusammenhang zwischen dem Interviewmedium und der Fairnesswahrnehmung der Probanden. Es wurde davon ausgegangen, dass das Interviewmedium einen Einfluss auf die Fairnesswahrnehmung der Probanden hat. Konkret wurde angenommen, dass die Fairnesswahrnehmung in technologie-mediierten Interviews geringer ist als in Face-to-Face Interviews. Hierfür wurde sowohl für die antizipierte Fairnesswahrnehmung als auch für die Fairnesswahrnehmung nach Durchführung des Interviews ein t-Test für unabhängige Stichproben durchgeführt. Sowohl für die antizipierte Fairnesswahrnehmung ($t(49) = 1.48$, n.s.) als auch für die Fairnesswahrnehmung nach dem Interview ($t(49) = .56$, n.s.) ergaben sich keine signifikanten Ergebnisse.

Zur Überprüfung, ob sich bei näherer Betrachtung der Subskalen ein Unterschied zwischen den Interview-Bedingungen ergibt, wurde für jede Skala ein t-Test für unabhängige Stichproben berechnet. Die Ergebnisse sind in Tabelle 3 aufgeführt. Ausgenommen den Skalen „job relatedness" (prä/post), „opportunity to perform" (post) und „Einschätzung der Verfahrensfairness" (post) ergeben sich für alle Unterskalen signifikante Ergebnisse. Weiterführend wurde eine ANOVA und ein Post-Hoc Test für die drei Bedingungen durchgeführt. Die Ergebnisse sind in Anhang A abgebildet.

Da sich ein umgekehrter Zusammenhang in Bezug auf den Zusammenhang mit „Flexibilität" im Vergleich zu den anderen Skalen zeigte, wurde in einem weiteren Schritt ein Gesamtskalenwert für Fairness ohne die Unterskala „Flexibilität" berechnet. „Flexibilität" gehört nicht zu dem ursprünglich von Bauer und Kollegen (2001) entwickelten Itempool. In einem t-Test ergaben sich hierfür sowohl für die antizipierte Fairness ($t(49) = 3.87, p < .01$) als auch für die Fairnesswahrnehmung nach Durchführung des Interviews ($t(49) = 2.11, p < .05$) signifikante Ergebnisse. Hypothese 2a kann somit in Bezug auf die Unterskalen von Fairness und unter Berücksichtigung der Skala „Flexibilität" als teilweise gestützt gelten.

		Face-to-Face			Technologie-mediiert					
		N	M	SD	N	M	SD	t	df	p
Prä	Job relatedness	15	3.23	.86	36	2.85	.72	1.65	49	.11
	Opportunity to perform	15	3.57	.88	36	2.77	.69	3.45	49	.00
	Two-way communikation	15	3.62	.76	36	2.92	.85	2.77	49	.01
	Flexibilität	15	2.98	.84	36	4.11	.58	-5.54	49	.00
	Einschätzung Verfahrensfairness	15	3.40	.71	36	2.86	.84	2.17	49	.04
Post	Job relatedness	15	3.23	.78	36	2.89	.79	1.43	49	.16
	Opportunity to perform	15	3.18	.85	36	3.01	.59	.82	49	.42
	Two-way communication	15	3.77	.47	36	3.09	1.13	2.23	49	.03
	Flexibilität	15	3.52	.84	36	4.33	.53	-4.17	49	.00
	Einschätzung Verfahrensfairness	15	3.30	.75	36	3.00	.78	1.27	49	.21

Tabelle 3. Deskriptive Statistiken für die Fairness-Unterskalen und t-Test für unabhängige Stichproben zwischen der Gruppenzugehörigkeit

Hypothese 2b beschäftigte sich mit dem Zusammenhang zwischen der Fairnesswahrnehmung und der Interviewleistung unter Berücksichtigung der Testmotivation. Konkret wurde angenommen, dass eine geringere Fairnesswahrnehmung, mediiert durch die Testmotivation, zu einer niedrigeren Interviewleistung führt. Für die durchgeführte Mediationsanalyse wurde das SPSS Makro „PROCESS" (Hayes, 2012) verwendet. Zunächst wurde der Zusammenhang von der antizipierten Fairnesswahrnehmung auf die Interviewleistung mediiert durch Testmotivation überprüft. Wie Abbildung 2 zeigt, ist der Regressionskoeffizient zwischen der Fairnesswahrnehmung und der Testmotivation signifikant. Die Koeffizienten zwischen Testmotivation und Interviewleistung und der indirekte Effekt sind beide nicht signifikant. Die Signifikanz des indirekten Effekts wurde mittels Bootstrapping-Prozedur getestet. Der unstandardisierte indirekte Effekt wurde für jeweils

5000 bootstrapped samples berechnet. Das 95%-Konfidenzintervall reicht von -.96 bis 2.61. Der indirekte Effekt ist somit nicht signifikant und eine Mediation kann nicht angenommen werden. Hypothese 2b muss aus diesem Grund in Bezug auf die antizipierte Fairnesswahrnehmung abgelehnt werden.

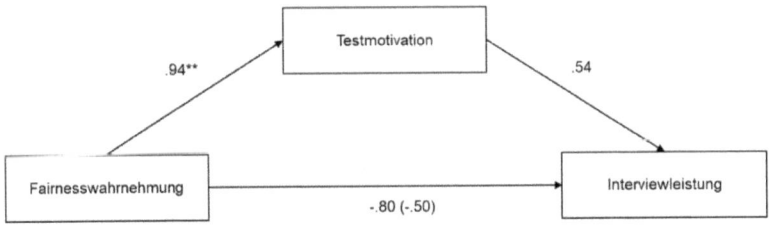

Abbildung 2. Mediationsmodell für antizipierte Fairness. In Klammern befindet sich der Regressionskoeffizient für den indirekten Effekt. * p <.05 ** p <.01

Die Koeffizienten der zweiten Mediationsanalyse sind in Abbildung 3 zu sehen. Hierfür wurde die Fairnesswahrnehmung nach Durchführung des Interviews als Prädiktor eingesetzt. Der Regressionskoeffizient zwischen der Fairnesswahrnehmung und der Testmotivation ist erneut signifikant. Die Koeffizienten zwischen Testmotivation und Interviewleistung und der indirekte Effekt sind beide nicht signifikant. Die Signifikanz des indirekten Effekts wurde mittels Bootstrapping-Prozedur getestet. Der unstandardisierte indirekte Effekt wurde für jeweils 5000 bootstrapped samples berechnet. Das 95%-Konfidenzintervall reicht von -1.77 bis 1.37. Der indirekte Effekt ist somit nicht signifikant und eine Mediation kann nicht angenommen werden. Hypothese 2b muss aus diesem Grund in Bezug auf die Fairnesswahrnehmung nach Durchführung des Interviews abgelehnt werden.

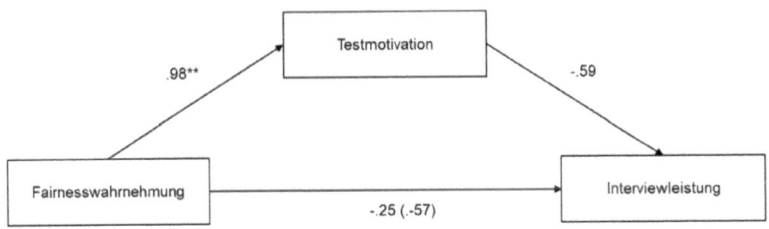

Abbildung 3. Mediationsmodell für Fairnesswahrnehmung nach Durchführung des Interviews. In Klammern befindet sich der Regressionskoeffizient für den indirekten Effekt. * p <.05 ** p <.01

Forschungsfrage 1 ging der Frage nach, ob es einen Unterschied in der Akzeptanz zwischen den drei untersuchten Interviewmodalitäten gibt. Hierfür wurde eine einfaktorielle ANOVA mit den drei Gruppen berechnet. Das Ergebnis der ANOVA wird mit $F(2,48) = 4.93$, $p = .01$ signifikant. Um zu identifizieren, zwischen welchen der drei Gruppen Unterschiede in der Akzeptanz bestehen, wurde ein Post-Hoc-Test durchgeführt. Der Gabriel Post-Hoc-Test zeigt keinen signifikanten Unterschied ($p > .05$) in der Akzeptanz zwischen den Gruppen Face-to-Face Interview und Videokonferenz-Interview (.10, 95%-CI [-.25, .45]). Einen signifikanten Unterschied ($p = .01$) gibt es zwischen Den Gruppen Face-to-Face Interview und asynchrones Interview (.42, 95%-CI [.07, .77]). Keinen signifikanten Unterschied ($p > .05$) gibt es zwischen den Gruppen Videokonferenz-Interview und asynchrones Interview (.32, 95%-CI [-.02, .65]). Es liegen somit teilweise Unterschiede in der Akzeptanz von Interviewmodalitäten vor. Die Unterschiede liegen zwischen Face-to-Face Interviews und asynchronen Interviews.

Hypothese 3a beschäftigte sich mit dem Zusammenhang zwischen dem Interviewmedium und Privacy Concerns. Es wurde davon ausgegangen, dass das Interviewmedium einen Einfluss auf die Privacy Concerns der Probanden hat. Konkret wurde angenommen, dass die Privacy Concerns in technologie-mediierten Interviews höher sind als in Face-to-Face Interviews. Hierfür wurde ein t-Test für unabhängige Stichproben durchgeführt. Die Ergebnisse zeigen einen signifikanten Unterschied zwischen Face-to-Face Interviews und technologie-mediierten Interviews ($t(49) = -2.68, p < .01$).

Um zu überprüfen, wo der Unterschied zwischen den einzelnen Interviewgruppen besteht, wurden eine einfaktorielle ANOVA berechnet. Wie zu erwarten ergab sich hierfür ein signifikantes Ergebnis ($F(2,48) = 3.72, p < .05$). Zur Darstellung der einzelnen Gruppenunterschiede wurde ein Post-Hoc-Test berechnet. Der Gabriel Post-Hoc-Test zeigt keinen signifikanten Unterschied ($p > .05$) bezüglich der Privacy Concerns zwischen den Gruppen Face-to-Face Interview und Videokonferenz-Interview (-.50, 95%-CI [-1.09, .10]). Einen signifikanten Unterschied ($p < .05$) gibt es zwischen den Gruppen Face-to-Face Interview und asynchrones Interview (-.63, 95%-CI [-1.22, -.04]). Keinen signifikanten Unterschied ($p > .05$) gibt es zwischen den Gruppen Videokonferenz-Interview und asynchrones Interview (-.13, 95%-CI [-.70, .43]). Hypothese 3a kann somit als teilweise bestätigt angesehen werden.

Hypothese 3b beschäftigte sich mit dem Zusammenhang zwischen dem Interviewmedium und der Fairnesswahrnehmung unter Berücksichtigung der Privacy Concerns. Konkret wurde angenommen, dass technologie-mediierte Interviews, mediiert durch Privacy Concerns, zu einer niedrigeren Fairnesswahrnehmung führen als Face-to-Face Interviews.

Für die durchgeführte Mediationsanalyse wurde das SPSS Makro „PROCESS" (Hayes, 2012) verwendet. Da die unabhängige Variable „Interviewmedium" kategorial ist, wurde sie dummy-kodiert. Die Gruppe Face-to-Face Interview wurde als Referenzgruppe gesetzt. Für den Zusammenhang von Interviewmedium und Privacy Concerns ergeben sich für beide Vergleichsgruppen (*Videokonferenz-Interview* .50, $p < .05$, 95%-CI [.01, .98], *Asynchrones Interview* .63, $p < .05$, 95%-CI [.15, 1.11]) signifikante Ergebnisse. Auch der Zusammenhang zwischen Privacy Concerns und Fairnesswahrnehmung wird signifikant (-.24, $p < .05$, 95%-CI [-.43, -.04]). Die Ergebnisse des direkten, totalen und indirekten Effekts der Mediationshypothese sind in Tabelle 4 aufgeführt. Sowohl der direkte als auch der totale Effekt werden nicht signifikant. Im Gegensatz dazu wird der indirekte Effekt signifikant. In einem zweiten Schritt wurde die Gruppe asynchrones Interview als Referenzgruppe gesetzt. Für den Zusammenhang von Interviewmedium und Privacy Concerns ergibt sich für die Vergleichsgruppe Videokonferenz Interview kein signifikantes Ergebnis (-.13, $p > .05$, 95%-CI [-.59, .33]). Somit liegt bei der gegebenen Datengrundlage eine Mediation in Bezug auf den Vergleich von Face-to-Face Interviews und technologie-mediierten Interviews vor, nicht jedoch für den Vergleich zwischen technologie-mediierten Interviews. Hypothese 3b kann somit als bestätigt angenommen werden.

	Direkter Effekt		Totaler Effekt		Über Privacy Concerns Indirekter Effekt	
	Effekt	SE	Effekt	SE	Effekt	SE
FTF - VC	.26	.17	.14	.17	-.12*	.08
FTF - Asy	-.17	.17	-.32	.17	-.15*	.08
Asy - VC	.43*	.15	.46*	.17	.03*	.08

Anmerkung. FTF = Face-to-Face Interview, VC = Videokonferenz-Interview, Asy = asynchrones Interview* p <.05 ** p <.01

Tabelle 4. Ergebnisse der Mediationsanalyse für den Zusammenhang zwischen Interviewmodalitäten und Fairnesswahrnehmung.

Hypothese 3c beschäftigte sich mit dem Zusammenhang zwischen dem Interviewmedium und Privacy Concerns unter Berücksichtigung des Einflusses von Computer Self-efficacy. Konkret wurde angenommen, dass technologie-mediierte Interviews moderiert durch Computer Self-efficacy höher Privacy Concerns auslösen als

Face-to-Face Interviews. Für die durchgeführte Moderationsanalyse wurde das SPSS Makro „PROCESS" (Hayes, 2012) verwendet. Da die unabhängige Variable „Interviewmedium" kategorial ist, wurde sie dummy-kodiert. Die Gruppe Face-to-Face Interview wurde als Referenzgruppe gesetzt. Die Ergebnisse der Moderationshypothese sind in Abbildung 4. dargestellt.

Es werden 29.3 Prozent der Varianz durch das Gesamtmodell aufgeklärt ($R^2 = .29$, $p = .01$). In der Gruppe Videokonferenzinterviews wird die Interaktion von Computer Self-efficacy mit dem Zusammenhang von Interviewmedium und Privacy Concerns nicht signifikant (.34, $p > .05$, 95%-CI [-.67, 1.35]). Für die Gruppe asynchrones Interview wird die Interaktion signifikant (1.38, $p < .01$, 95%-CI [.48, 2.27]). Bei einer niedrigen Ausprägung von Computer Self-efficacy ($M_{Computer\ Self-efficacy} - 1SD$) gibt es keinen signifikanten Zusammenhang zwischen dem Interviewmedium (Face-to-Face vs. asynchron) und Privacy Concerns (.05, $p > .05$, 95%-CI [-.54, .64]). Bei einer hohen Ausprägung von Computer Self-efficacy ($M_{Computer\ Self-efficacy} + 1SD$) gibt es einen signifikanten Zusammenhang zwischen dem Interviewmedium (Face-to-Face vs. asynchron) und Privacy Concerns (1.21, $p < .01$, 95%-CI [.62, 1.80]). In einem zweiten Schritt wurde die Gruppe asynchrones Interview als Referenzgruppe gesetzt um die Gruppen Videokonferenz-Interview und asynchrones Interview vergleichen zu können. In Bezug auf diesen Vergleich wird die Interaktion von Computer Self-efficacy mit dem Zusammenhang von Interviewmedium und Privacy Concerns nicht signifikant (-1.30, $p > .05$, 95%-CI [-2.10, .03]). Somit besteht für die gegebene Datengrundlage ein Einfluss vom Computer Self-efficacy auf den Zusammenhang von Interviewmedium und Privacy Concerns in Bezug auf den Vergleich von Face-to-Face Interviews und asynchronen Interviews. Dieser Einfluss besteht in Bezug auf den Vergleich von Face-to-Face Interviews und Videokonferenz-Interviews nicht. Hypothese 3c kann somit als teilweise bestätigt angenommen werden.

Ergebnisse

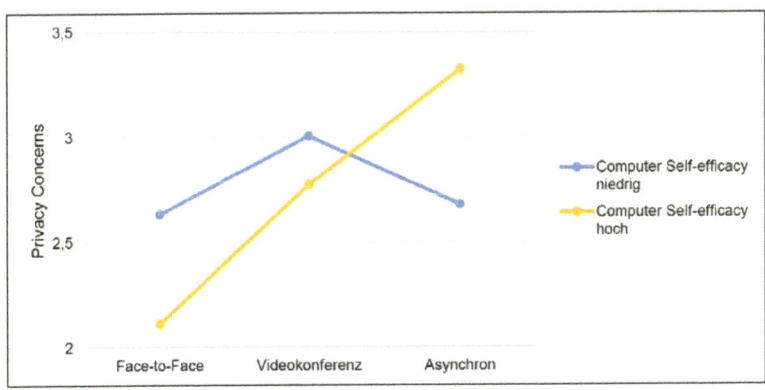

Abbildung 4. Zusammenhang zwischen Interviewmedium und Privacy Concerns unter Berücksichtigung des Moderators Computer Self-efficacy

Forschungsfrage 2 ging der Frage nach, ob die Kriteriumsvalidität von Einstellungsinterviews durch das Interviewmedium beeinflusst wird. Da die Stichprobengröße der Gruppen (Face-to-Face Interview N = 15; Videokonferenz-Interview N = 15; asynchrones Interview N = 18) keine Validitätsanalyse zulässt, wurden die Korrelationen innerhalb der Interviewgruppen zwischen den Prädiktorvariablen und der Interviewleistung zwischen den Gruppen verglichen. Hierfür wurde Fisher's z verwendet (vgl. z. B. Fisher, 1928). Die Ergebnisse sind in **Fehler! Ungültiger Eigenverweis auf Textmarke.** dargestellt. Keiner der Vergleiche wird signifikant. Es besteht kein signifikanter Unterschied zwischen den Korrelationen. Es ist somit anzunehmen, dass es keinen Unterschied in der Kriteriumsvalidität von unterschiedlichen Interviewmodalitäten gibt.

Bedingung	N	M (SD)		Interviewleistung	Videokonferenz		Asynchron	
					z	p	z	p
1 Face-to-Face	15	1.63 (.35)	Abiturnote	.03	.26	.79	.22	.83
	15	1.83 (.35)	Durchschnittsnote Bachelor	-.02	-.27	.79	.54	.59
	15	3.59 (.39)	UCB	-.14	-.90	.37	-1.73	.08
	18	1.62 (.30)	Abiturnote	-.08			-.05	.96

Ergebnisse

2 Videokonferenz	18	1.58 (.67)	Durchschnittsnote Bachelor	.08		.86	.39
	18	3.84 (.34)	UCB	.20		-.88	.38
3 Asynchron	18	1.68 (.41)	Abiturnote	-.06			
	18	1.77 (.31)	Durchschnittsnote Bachelor	-.23			
	18	3.71 (.36)	UCB	.48*			
Anmerkung. * p < .05 ** p < .01							

Tabelle 5. Deskriptive Statistiken für Abiturnote, Durchschnittsnote Bachelor und UCB Aufgeteilt nach Gruppenzugehörigkeit, Korrelation der Variablen mit Interviewleistung und Fischer's z der Korrelationen zwischen den Gruppen.

5 Diskussion

Ziel dieser Studie war es, die Unterschiede zwischen technologie-mediierten Interviews und persönlichen Vorstellungsgesprächen besser zu verstehen. Dafür wurde die Leistung in Face-to-Face Interviews, Videokonferenz-Interviews und asynchronen Interviews untersucht. Zudem wurden mögliche Unterschiede in verschiedenen Bewerberreaktionen betrachtet.

5.1 Zusammenfassung und Diskussion der Befunde

Der in Hypothese 1 angenommene Zusammenhang zwischen dem Interviewmedium und der Interviewleistung konnte nicht nachgewiesen werden. Sowohl im Vergleich von Face-to-Face Interviews mit technologie-mediierten Interviews, als auch im Vergleich von allen drei untersuchten Interviewmodalitäten ergaben sich keine Unterschiede in der Interviewleistung. Eine mögliche Erklärung hierfür ist die geringe Stichprobengröße ($N = 51$), welche eine hohe Verzerrung in der statistischen Auswertung bedeuten kann.

Eine weitere Möglichkeit stellt der Einfluss von nonverbalen Cues auf die Interviewleistung dar. Technologie-mediierte Interviews, hier vor allem das asynchrone Interview, können zu einer Einschränkung von der Beobachtung nonverbalen Verhaltens führen (Barrick et al., 2012; Chapman & Rowe, 2001). Blacksmith und Kollegen (2016) argumentieren, dass dies einen negativen Einfluss auf die Bewertung der Interviewten haben könnte. In Bezug auf strukturierte Interviews ist die Befundlage hierzu jedoch noch relativ unerforscht (Levashina et al., 2014). Da in dieser Studie ein hoch standardisiertes Interview zum Einsatz kam, könnte der Einfluss von nonverbalen Cues durch die Standardisierung auch in den Face-to-Face Interviews stark reduziert sein (Campion, Palmer, & Campion, 1997; Dipboye & Gaugler, 1993). Ein weiterer Punkt, den Blacksmith und Kollegen (2016) aufführen, ist das Fehlen von emotionalen Interaktionen in technologie-mediierten Interviews, was zu einer geringeren Einschätzung der sozialen Fähigkeiten der Teilnehmer führen soll. Aufgrund der Verhaltensanker, die in dem Interview in dieser Studie zum Einsatz kamen, sollte dies jedoch keinen Einfluss auf die Bewertung der Kandidaten gehabt haben. Die Verhaltensanker beschrieben ausschließlich verbale Aussagen der Probanden. Zudem haben die Interviewten in standardisierten Interviews weniger die Möglichkeit, das Gespräch in eine bestimmte, für sie vorteilhafte Richtung zu lenken (Dipboye & Gaugler, 1993). Chapman und Rowe (2001) fanden heraus, dass strukturierte Interviews das Potential haben, den Einfluss von Störfaktoren (z. B. Impression Management) auf die Interviewleistung zu reduzieren.

Zusammenfassend lässt sich sagen, dass die hohe Standardisierung des Interviews, das in dieser Studie verwendet wurde, eine Erklärung für das Fehlen eines Zusammenhangs von Interviewmedium und Interviewleistung darstellen könnte

Hypothese 2a postulierte, dass die Fairnesswahrnehmung in Face-to-Face Interviews höher ist als in technologie-mediierten Interviews. Für die Gesamtfairnesswahrnehmung ergaben sich sowohl für die antizipierte Fairness als auch für die Fairnesswahrnehmung nach Durchführung des Interviews keine Unterschiede. Bei Überprüfung der Unterskalen dagegen zeigten sich vor allem in der antizipierten Fairness Unterschiede. In Bezug auf „opportunity to perform" war ein Unterschied zwischen den Gruppen nur in der antizipierten Fairness zu erkennen. Nur zwei Probanden in der Gruppe der Videokonferenz-Interviews haben bereits einmal ein Videokonferenz-Interview durchgeführt, in der Gruppe der asynchronen Interviews hatte bisher kein Teilnehmer Erfahrungen mit asynchronen Interviews. Es ist somit anzunehmen, dass die Probanden eine andere Vorstellung von den technologie-mediierten Interviews hatten als nach der Durchführung des Interviews. Ein Fehlen des Zusammenhangs in Bezug auf die Fairnesswahrnehmung nach Durchführung des Interviews könnte zudem daran liegen, dass die Teilnehmer zwar keinen direkten Einfluss auf den Interviewer ausüben konnten (vgl. Blacksmith et al., 2016), dafür aber eine längere Vorbereitungszeit bei der Beantwortung der einzelnen Fragen hatten (vgl. Langer et al., 2017). Bei dem direkten Gruppenvergleich stellte sich ein Unterschied sowohl zwischen Face-to-Face Interviews und Videokonferenz-Interviews als auch zwischen Face-to-Face Interviews und asynchronen Interviews heraus, nicht aber zwischen den Videokonferenz-Interviews und den asynchronen Interviews. Die antizipierte Fairnessverletzung scheint sich somit auf das technologische Medium zu beziehen.

Anders ist es dagegen bei der Einschätzung der Verfahrensgerechtigkeit. Hier zeigt sich der Unterschied zwar ebenfalls nur vor der Durchführung des Interviews, jedoch nur zwischen Face-to-Face Interviews und asynchronen Interviews. Eine mögliche Erklärung hierfür ist, dass Videokonferenz-Interviews in der heutigen Zeit weit verbreitet sind und als gängiges Instrument erlebt werden (Melchers et al., 2016, April).

Bei der „two-way communication" ergaben sich sowohl vor als auch nach der Durchführung Unterschiede zwischen den Gruppen. Dies ist vermutlich auf das Fehlen eines Interaktionspartners bei den asynchronen Interviews zurückzuführen. Die Annahme wird durch die weiterführenden Analysen gestützt, in denen sich ein Unterschied zwischen den Face-to-Face Interviews und den asynchronen

Interviews und ein Unterschied zwischen den Videokonferenz-Interviews und den asynchronen Interviews zeigte, nicht jedoch zwischen den Face-to-Face Interviews und den Videokonferenz Interviews.

Auch bei der Einschätzung der „Flexibilität" ergaben sich für beide Zeitpunkte Unterschiede. Diese trafen auf alle Gruppenvergleiche zu. Wie zu erwarten war, wurde die Durchführung eines asynchronen Interviews mit der höchsten Flexibilität bewertet. Auch das Videokonferenz-Interview zeigt höhere Flexibilitätswerte als das Face-to-Face Interview. Wird dieser umgekehrte Zusammenhang bei dem Vergleich der Gesamtfairness berücksichtigt, zeigen sich auch hier Unterschiede zwischen den Face-to-Face Interviews und den technologie-mediierten Interviews.

Das Fehlen eines Zusammenhangs von Interviewmedium und „job relatedness" lässt sich durch die Standardisierung des Interviews erklären. Allen Probanden wurden die gleichen Fragen gestellt, welche den gleichen Tätigkeitsbezug widerspiegelten. Das Interviewmedium wurde von den Teilnehmern vermutlich nicht in Bezug auf die spätere Tätigkeit gestellt.

Der in Hypothese 2b angenommene Zusammenhang zwischen der Fairnesswahrnehmung und der Interviewleistung unter Berücksichtigung der Testmotivation konnte weder für die antizipierte Fairnesswahrnehmung noch für die Fairnesswahrnehmung nach Durchführung des Interviews nachgewiesen werden. Eine mögliche Erklärung hierfür ist, dass die durchgeführte Analyse eine höhere Anzahl an Versuchspersonen benötigt, als in dieser Studie zur Verfügung standen ($N = 51$). Bei einer rein explorativen Betrachtung der Ergebnisse zeigt sich ein signifikanter Zusammenhang von Testmotivation und Fairnesswahrnehmung ($prä\ r = .58, p < .01, post\ r = .31, p < .05$). Dies entspricht der Annahme, dass verminderte Testmotivation eine Folge von verletzten Fairnessregeln ist (Chan et al., 1997). Dieser Zusammenhang konnte bereits von anderen Autoren nachgewiesen werden (z. B. Bauer et al., 2006; Hausknecht et al., 2004). In früheren Studien konnte zudem ein Zusammenhang von Testmotivation und Testleistung aufgezeigt werden (Chan et al., 1997). Eine höhere Stichprobengröße könnte somit zu positiven Ergebnissen führen.

Forschungsfrage 1 hatte zum Ziel, einen möglichen Unterschied in der Akzeptanz zwischen den drei untersuchten Interviewmodalitäten zu überprüfen. Es zeigte sich ein Unterschied zwischen den Gruppen. Dieser wurde zwischen der Gruppe Face-to-Face Interview und asynchrones Interview identifiziert. Zwischen den anderen Gruppen ergaben sich keine Unterschiede. Eine Erklärung für dieses

Ergebnis liefert die „media richness theory" von Daft and Lengel (1984). Sie besagt, dass je höher die Komplexität der zu vermittelnden Inhalte ist, desto reichhaltiger sollte das Kommunikationsmedium sein. Eine Face-to-Face Interaktion bildet hier das reichhaltigste Kommunikationsmedium. Ein asynchrones Interview, das nur geschriebenen Text als Informationsquelle beinhaltet, kann als sehr viel weniger reichhaltig angesehen werden. Stone und Kollegen (2013) stellen die Vermutung auf, dass diese Differenz in der Reichhaltigkeit des Mediums in Bezug auf Face-to-Face Interviews und technologie-mediierte Interviews einen Einfluss auf die Akzeptanz haben kann. Diese Annahme wird durch die vorliegenden Ergebnisse gestützt. Ein Videokonferenz-Interview unterscheidet sich zwar in seiner Reichhaltigkeit von einem Face-to-Face Interview (z. B. weniger nonverbale Informationen), jedoch ist die Differenz nicht so groß wie bei dem Vergleich von Face-to-Face Interviews und asynchronen Interviews. Zusammengefasst lässt sich also sagen, dass es einen Unterschied in der Akzeptanz zwischen verschiedenen Interviewmodalitäten gibt. Worauf genau dieser zurückzuführen ist, kann in dieser Studie nicht geklärt werden.

Hypothese 3a postulierte einen Zusammenhang zwischen dem Interviewmedium und den Privacy Concerns der Probanden. Dieser konnte für den Vergleich von Face-to-Face Interviews und technologie-mediierten Interviews nachgewiesen werden. In weiteren Analysen stellte sich heraus, dass der Unterschied in den Privacy Concerns im Vergleich von Face-to-Face Interviews und asynchronen Interviews liegt. Für die anderen Gruppenvergleiche ergaben sich keine Unterschiede. Dieser Befund wird von früheren Studien gestützt (Stone et al., 2003). In asynchronen Interviews werden aufgrund der Videoaufnahme der Bewerber mehr private Informationen gesammelt als in Face-to-Face Interviews und Videokonferenz-Interviews. Im Vergleich zu unserer Studie ist es zudem nicht üblich während eines Face-to-Face Interviews aufgezeichnet zu werden. Stone und Stone (1990) fanden heraus, dass die Absicht, mit der Informationen gesammelt werden, die Höhe der Privacy Concerns beeinflussen kann. Die Bewerber können eventuell nicht erkennen, mit welcher Absicht eine Videoaufnahme stattfindet, anstelle eines persönlichen Gesprächs. Dass die Testung bzw. das Interview über eine Internetverbindung erfolgt, kommt hierbei erschwerend hinzu. Zwar werden sowohl beim Videokonferenz-Interview, als auch beim asynchronen Interview Daten über eine Internetverbindung übertragen, jedoch erfolgt die Datenspeicherung, also die Aufnahme eines Videos, bei einem Videokonferenz-Interview nur in einigen Fällen. Die Aufnahme des Bewerbers beim asynchronen Interview ist dagegen obligatorisch (Langer et al., 2017). Der fehlende Unterschied in Bezug auf die Privacy Concerns sowohl zwischen den Face-to-Face Interviews und den Videokonferenz-Interviews als auch zwischen den Videokonferenz-Interviews und den asynchronen Interviews in dieser Studie kann damit erklärt werden, dass die Kandidaten in allen drei Bedingungen auf Video aufgenommen wurden und hierüber im Vorfeld informiert wurden. Es ist somit anzunehmen, dass Privacy Concerns nicht alleine auf die Videoaufzeichnung an sich zurückzuführen sind, sondern auf die webbasierte Speicherung dieser.

Der in Hypothese 3b angenommene Zusammenhang von Interviewmedium und Fairnesswahrnehmung unter Berücksichtigung der Privacy Concerns konnte für alle drei Interviewmodalitäten nachgewiesen werden. Technologie-mediierte Interviews führen über erhöhte Privacy Concerns zu einer verminderten Fairnesswahrnehmung des Auswahlverfahrens. Diese Befunde stimmen überein mit der Annahme von Bauer und Kollegen (2011), dass ein Zusammenhang zwischen Privacy Concerns und der Fairnessregel „propriety of questions" (Gilliland, 1993) besteht. Auch in anderen Studien konnte ein Zusammenhang zwischen Privacy Concerns und Fairness nachgewiesen werden (Bauer et al., 2006). Eddy, Stone und Stone-Romero (1999) fanden zudem heraus, dass Privacy Concerns und Fairnesswahrnehmung zwar hoch miteinander korrelieren ($r = -.77$), die beiden Konstrukte jedoch distinkt sind. Die Ergebnisse dieser Studie sind jedoch unter Berücksichtigung der geringen Stichprobengröße ($N = 51$) zu interpretieren. Es ist daher eine rein explorative Betrachtung. Dennoch weisen die Ergebnisse in die gleiche Richtung wie vorherige Studien.

Hypothese 3c beschäftigte sich mit dem Zusammenhang zwischen dem Interviewmedium und Privacy Concerns unter Berücksichtigung des Einflusses von Computer Self-efficacy. Für den Vergleich von Face-to-Face Interviews und Videokonferenz-Interviews konnte kein Zusammenhang festgestellt werden. Für den Vergleich von Face-to-Face Interviews und asynchronen Interview ergab sich jedoch ein Zusammenhang. Konkret konnte gezeigt werden, dass bei Probanden mit niedriger Computer Self-efficacy das Interviewmedium keinen Einfluss auf die Privacy Concerns hat. Bei Probanden mit hoher Computer Self-efficacy lösen asynchrone Interviews jedoch höhere Privacy Concerns aus als Face-to-Face Interviews. Bauer und Kollegen (2011) stellen die Vermutung an, dass Privacy Concerns besonders hoch sind bei Personen, die wenig Erfahrung im Umgang mit Computer haben. Die Erfahrung im Umgang mit Computer ist ein wichtiger Faktor in Bezug auf die Höhe der Computer Self-efficacy (Cassidy & Eachus, 2002). Die Ergebnisse dieser Studie weisen jedoch auf einen umgekehrten Zusammenhang hin. Personen mit einer niedrigen Ausprägung an Computer Self-efficacy in Bezug auf ihre Privacy Concerns werden nicht durch das Interviewmedium beeinflusst. Dahingegen haben Personen mit einer hohen Ausprägung an Computer Self-efficacy höhere Privacy Concerns, wenn sie ein asynchrones Interview durchführen im Vergleich zu einem Face-to-Face Interview. Dies könnte daran liegen, dass sich Personen mit höherer Computer Self-efficacy mehr mit Computertechnologien beschäftigen und aus diesem Grund ein besseres Verständnis der potentiellen Risiken dieser haben im Vergleich zu Personen mit niedriger Computer Self-efficacy (Potosky, 2008). Auch wenn in dieser Studie kein Einfluss von Computer Self-efficacy auf den Zusammenhang zwischen dem Interviewmedium und Privacy Concerns in Bezug auf den Vergleich von Face-to-Face Interviews und Videokonferenz-Interviews nachgewiesen werden konnte, weisen die deskriptiven Daten darauf hin, dass auch hier die Privacy Concerns bei Personen mit hoher Computer Self-efficacy stärker ansteigen als bei Personen mit niedriger Computer Self-efficacy. Da die Stichprobengröße ($N = 51$) für die durchgeführte Analyse sehr gering ist, können die Ergebnisse nur explorativ betrachtet werden.

Forschungsfrage 2 hatte zum Ziel, einen möglichen Unterschied in der Kriteriumsvalidität der drei untersuchten Interviewmodalitäten zu überprüfen. Dieser Unterschied konnte für keinen Vergleich nachgewiesen werden. Da die Datengrundlage in dieser Studie jedoch für eine statistische Validitätsanalyse nicht ausreichend groß war ($N = 51$), ist dies in weiteren Studien mit einer größeren Stichprobe erneut zu überprüfen. Da in früheren Studien bereits häufig nachgewiesen werden konnte, dass mit einem höheren Grad der Standardisierung eines Interviews dessen Kriteriumsvalidität steigt (z. B. Conway et al., 1995; Huffcutt et al., 2014; Huffcutt & Arthur, 1994; McDaniel et al., 1994; Wiesner & Cronshaw, 1988) und asynchrone Interviews die Möglichkeit zu einem hohen Maß an Standardisierung bieten, sind weitere Untersuchungen für die weitere Forschung zu empfehlen. Auch in Bezug auf den Einsatz von Videokonferenz-Interviews sind weitere Untersuchungen notwendig. Auch wenn die Qualität der Internetverbindung sich in den letzten Jahren immer mehr verbessert hat, sind Störungen in der Übertragung z. B. mittels Skype weiterhin nicht ungewöhnlich. Diese Störungen könnten zur Beeinflussung der Kriteriumsvalidität führen. Zusammengefasst lässt sich sagen, dass weitere Forschung zur Kriteriumsvalidität von technologie-mediierten Interviews notwendig ist.

5.2 Einschränkungen der vorliegenden Studie

Kritisch anzumerken ist die geringe Stichprobengröße der vorliegenden Studie (N = 51). Da in den meisten Hypothesen drei Gruppen verglichen wurden (*Face-to-Face* N = 15, *Videokonferenz* N = 18, *asynchron* N = 18), reicht die Anzahl an Fällen nicht aus, um die Ergebnisse der Studie repräsentativ betrachten zu können. Dennoch liefert sie einen Hinweis auf die Richtung möglicher Zusammenhänge.

Des Weiteren lag keine reale Personalauswahlsituation vor. Zwar wurde diese durch die Instruktion impliziert und durch die Vergabe der Kinoboxen verstärkt, in einem tatsächlichen Personalauswahl-Setting sind jedoch größere Effekte zu erwarten (z. B. Truxillo, Bodner, Bertolino, Bauer, & Yonce, 2009).

Ein weiterer Kritikpunkt ist, dass nicht alle Interviewer dasselbe Interviewertraining absolviert haben. Durch die Erhebung an zwei Standorten war eine gemeinsame Durchführung nicht möglich. Für eine höhere Reliabilität sollte eine einheitliche Grundlage gegeben sein.

Ebenfalls problematisch könnte die Stichprobenzusammensetzung sein. Zum einen waren Frauen in der Stichprobe mit 80.4 Prozent überrepräsentiert. Huffcutt, Van Iddekinge und Roth (2011) vermuten, dass Geschlecht einen Einfluss auf die Bewertung in Einstellungsinterviews haben könnte. Um diesen Einfluss zu kontrollieren, ist eine Gleichverteilung des Geschlechts notwendig. Zum anderen wurden nur Psychologiestudierende für die Studie berücksichtigt. Für eine allgemeine Interpretation der Ergebnisse ist der Einbezug weiterer Studiengänge anzuraten.

5.3 Zukünftige Forschung und praktische Implikationen

Die Ergebnisse der vorliegenden Studie können aus den bereits genannten Gründen nicht allgemein betrachtet werden. Dennoch zeigen sie Tendenzen auf, die in weiteren Studien überprüft werden müssen.

Bezüglich des Unterschiedes in der Interviewleistung bei verschiedenen Interviewmodalitäten gibt es gemischte Befunde. Während Straus, Miles und Levesque (2001) von ähnlichen Interviewleistungen in klassischen Face-to-Face Interviews und technologie-mediierten Interviews ausgehen zeigten andere Befunde eine bessere Bewertung in technologie-mediierte Interviews (Chapman & Rowe, 2001; Chapman & Webster, 2001). Eine aktuelle Metaanalyse zeigte dagegen bessere Leistungen in Face-to-Face Interviews (Blacksmith et al., 2016). Unterschiede in den Leistungen verschiedener Interviewmodalitäten können dann relevant werden, wenn verschiedene Modalitäten bei unterschiedlichen Kandidaten in einem

Bewerbungsverfahren eingesetzt werden. Ist beispielsweise ein Kandidat in der Lage, zu einem Face-to-Face Interview zu erscheinen, ein zweiter jedoch nicht und absolviert aus diesem Grund ein Videokonferenz-Interview, kann dies zu einer Verzerrung der Rangreihe kommen. Aus diesem Grund ist weitere Forschung hinsichtlich der Interviewleistung in verschiedenen Interviewmodalitäten notwendig.

Viele Studien haben sich bereits mit der Sicht der Bewerber in Bezug auf technologie-mediierte Interviews beschäftig (z. B. Bauer et al., 2006; Bauer et al., 2011; Brenner et al., 2016; Guchait, Ruetzler, Taylor, & Toldi, 2014; Langer et al., 2017; Melchers et al., 2016, April). Wie sich in dieser Studie zeigte, ist sowohl die Fairnesswahrnehmung als auch die Akzeptanz von technologie-mediierten Interviews schlechter im Vergleich zu Face-to-Face Interviews. Da die Ergebnisse dieser Studie aufgrund der Einschränkungen nicht verallgemeinert werden können, sind weitere Untersuchungen hinsichtlich der Bewerberwahrnehmung von neuen Medien in der Personalauswahl notwendig. Dies hat insofern eine hohe Relevanz, da z. B. eine verminderte Fairnesswahrnehmung zu ungünstigen Reaktionen wie das Ablehnen eines Stellenangebotes auf Seiten der Bewerber führen kann (z. B. Harold et al., 2016; Hausknecht et al., 2004). Gerade in Zeiten des Fachkräftemangels ist es jedoch wichtig, potentielle Arbeitnehmer nicht durch die Gestaltung des Bewerbungsverfahrens abzuschrecken. Weitere Forschung sollte aus diesem Grund den Fokus auf die Fragen legen, ob die Bewerberwahrnehmung von technologie-mediierten Einstellungsinterviews generell schlechter ist als von Face-to-Face Interviews, woran dieser Unterschied liegen könnte und wie technologie-mediierte Einstellungsinterviews gestaltet werden müssen, um diesen auszugleichen.

Der Missbrauch und Diebstahl von privaten Daten ist spätestens seit dem Datendiebstahl bei der deutschen Telekom im Oktober 2008 (Zeit Online, 2008) ein präsentes Thema. Auch die Angst vor dem Missbrauch von personenbezogenen Daten, die bei Einstellungsverfahren erhoben werden, scheint nicht gänzlich unbegründet zu sein. So wurden z. B. 2010 von dem amerikanischen Unternehmen AMR, die frühere Muttergesellschaft von American Airlines, Daten von aktuellen und früheren Bewerbern inklusive Name, Sozialversicherungsnummer, Gesundheitsbericht und Bankdaten gestohlen (Stone et al., 2013). In Hinblick auf diese Ereignisse sind Bedenken bezüglich der Preisgabe von privaten Daten über das Internet während eines Bewerbungsprozesses nicht verwunderlich. Auch in der vorliegenden Studie konnten höhere Privacy Concerns in technologie-mediierten Einstellungsinterviews gefunden werden. Stone und Kollegen (2013) sprechen diese Problematik in ihrer Arbeit an und liefern als Vorschlag um dem entgegenzuwirken klare

Richtlinien bezüglich des Schutzes personenbezogener Daten. Weitere Studien sollten untersuchen, in welcher Form Maßnahmen zum Datenschutz in Bezug auf technologie-mediierte Einstellungsverfahren präsentiert werden müssen, um eine Reduktion der Privacy Concerns von Bewerbern hinsichtlich dieser zu erreichen.

Wenige Befunde gibt es bisher zur Kriteriumsvalidität von technologie-mediierten Einstellungsinterviews. Auch wenn die Befunde dieser Studie nicht auf einen Unterschied bezüglich der Validität zwischen Face-to-Face Interviews und technologie-mediierten Interviews hindeuten, gibt es einige Überlegungen, die für eine erhöhte Kriteriumsvalidität bei Letzteren sprechen. Weitere Forschung in diesem Bereich ist notwendig, um die Frage nach einem möglichen Unterschied zu klären.

5.4 Fazit

Technologie-mediierte Verfahren im Bewerbungsprozess bieten sowohl für Unternehmen als auch für Bewerber augenscheinlich viele Vorteile. Durch sie wird nicht nur eine höhere räumliche Unabhängigkeit erreicht, sondern auch eine Reduktion der Kosten und eine erhöhte Standardisierung (Bauer et al., 2004; Bauer et al., 2011; Blacksmith et al., 2016; Chamorro-Premuzic et al., 2016). Dennoch sind die möglichen negativen Konsequenzen des Einsatzes solcher Verfahren noch nicht abschließend geklärt. Weitere Forschung ist in den nächsten Jahren notwendig, um der Frage nach diesen nachzugehen.

Literaturverzeichnis

Anderson, N., Salgado, J. F., & Hülsheger, U. R. (2010). Applicant reactions in selection: Comprehensive meta-analysis into reaction generalization versus situational specificity. *International Journal of Selection and Assessment, 18,* 219-304.

Arvey, R. D., Strickland, W., Drauden, G., & Martin, C. (1990). Motivational components of test taking. *Personnel Psychology, 43,* 695-716.

Barrick, M. R., Dustin, S. L., Giluk, T. L., Stewart, G. L., Shaffer, J. A., & Swider, B. W. (2012). Candidate characteristics driving initial impressions during rapport building: Implications for employment interview validity. *Journal of Occupational and Organizational Psychology, 85,* 330-352.

Bauer, T. N., Truxillo, d. M., Mack, K., & Ana, B. C. (2011). Applicant reactions to technology-based selection: What we know so far. In N. T. Tippins, S. Adler, & A. I. Kraut (Eds.), *Technology-enhanced assessment of talent* (pp. 190-223). San Francisco, CA, USA: Jossey-Bass.

Bauer, T. N., Truxillo, d. M., & Paronto, M. E. (2004). The measurement of applicant reactions to selection. In J. C. Thomas (Ed.), *Comprehensive handbook of psychological assessment* (pp. 482-506). New Jersey: John Wiley & Sons.

Bauer, T. N., Truxillo, d. M., Sanchez, R. J., Craig, J. M., Ferrara, P., & Campion, M. A. (2001). Applicant reactions to selection: Development of the selection procedural justice scale (SPJS). *Personnel Psychology, 54,* 387-419.

Bauer, T. N., Truxillo, d. M., Tucker, J. S., Weathers, V., Bertolino, M., Erdogan, B., & Campion, M. A. (2006). Selection in the information age: The impact of privacy concerns and computer experience on applicant reactions. *Journal of Management, 32,* 601-621.

Bennett, R. J., & Robinson, S. L. (2000). Development of a measure of workplace deviance. *Journal of Applied Psychology, 85,* 349-360.

Blacksmith, N., Willford, C. C., & Behrend, T. S. (2016). Technology in the employment interview: A meta-analysis and future research agenda. *Personnel Assessment and Decisions, 2,* 12-20.

Brenner, F. S., Ortner, T. M., & Fay, D. (2016). Asynchronous video interviewing as a new technology in personnel selection: The applicant's point of view. *Frontiers in Psychology, 7,* 1-11.

Campion, M. A., Palmer, D. K., & Campion, J. E. (1997). A review of structure in the selection interview. *Personnel Psychology, 50*, 655–702.

Cassidy, S., & Eachus, P. (2002). Developing the computer user self-efficacy (CUSE) scale: Investigating the relationship between computer self-efficacy, gender and experience with computers. *Educational Computing Research, 26*, 133–153.

Chamorro-Premuzic, T., Winsborough, D., Sherman, R. A., & Hogan, R. (2016). New talent signals: Shiny new objects or a brave new world? *Industrial and Organizational Psychology: Perspectives on Science and Practice, 9*, 621–640.

Chan, D., Schmitt, N., DeShon, R. P., Clause, C. S., & Delbridge, K. (1997). Reactions to cognitive ability tests: The relationships between race, test performance, face validity perceptions, and test-taking motivation. *Journal of Applied Psychology, 82*, 300–310.

Chapman, D. S., & Rowe, P. M. (2001). The impact of videoconference technology, interview structure, and interviewer gender on interviewer evaluations in the employment interview: A field experiment. *Journal of Occupational and Organizational Psychology, 74*, 279–298.

Chapman, D. S., & Webster, J. (2001). Rater correction processes in applicant selection using videoconference technology: The role of attributions. *Journal of Applied Social Psychology, 31*, 2518–2537.

Compeau, D. R., & Higgins, C. A. (1995). Computer self-efficacy: Development of a measure and initial test. *MIS Quarterly*, 189–211.

Conway, J. M., Jako, R. A., & Goodman, D. F. (1995). A meta-analysis of interrater and internal consistency reliability of selection interviews. *Journal of Applied Psychology, 80*, 565–579.

Daft, R. L., & Lengel, R. H. (1984). Information richness: A new approach to managerial behavior and organization design. *Research in Organizational Behavior, 6*, 191–233.

Dipboye, R. L., & Gaugler, B. (1993). Cognitive and behavioral processes in the selection interview. In N. Schmitt & W. Borman (Eds.), *Personnel Selection* (pp. 135–170). San Francisco: Josey-Bass.

Eddy, E. R., Stone, D. L., & Stone-Romero, E. F. (1999). The effects of information management policies on reactions to human resource information systems: An integration of privacy and procedural justice perspectives. *Personnel Psychology, 52*, 335–358.

Fisher, R. A. (1928). *Statistical methods for research workers. Edinburgh, Scotland: Oliver and Boyd.* (2nd ed.). Edinburgh, Scotland: Oliver and Boyd.

Gilliland, S. W. (1993). The perceived fairness of selection systems: An organizational justice perspective. *Academy of Management Review, 18*, 694–734.

Goldberg, L. R. (1999). A broad-bandwidth, public domain, personality inventory measuring the lower-level facets of several five-factor models. In I. Mervielde, I. Deary, F. De Fruyt, & F. Ostendorf (Eds.), *Personality Psychology in Europe* (pp. 7–28). Tilburg: Tilburg University Press.

Goldstein, D., Hahn, C. S., Hasher, L., Wiprzycka, U. J., & Zelazo, P. D. (2007). Time of day, intellectual performance, and behavioral problems in morning versus evening type adolescents: Is there a synchrony effect? *Personality and individual Differences, 42*, 431–440.

Guchait, P., Ruetzler, T., Taylor, J., & Toldi, N. (2014). Video interviewing: A potential selection tool for hospitality managers – A study to understand applicant perspective. *International Journal of Hospitality Management, 36*, 90–100.

Gurk, S. (2004). Wahrnehmung und Bewertung von Personalauswahlverfahren aus Sicht der Bewerber: Eine empirische Studie zum Konzept der Verfahrensgerechtigkeit (Diplomarbeit). Technische Universität Berlin, Berlin.

Harold, C. M., Holtz, B. C., Griepentrog, B. K., Brewer, L. M., & Marsh, S. M. (2016). Investigating the effects of applicant justice perceptions on job offer acceptance. *Personnel Psychology, 69*, 199–227.

Harris, M. (2006). Internet testing: An examinee perspective. In D. Bartram & R. Hambleton (Eds.), *Computer-based testing and the internet: Issues and advances* (pp. 115–133). Chichester, England: John Wiley.

Harris, M. M., Hoye, G. V., & Lievens, F. (2003). Privacy and attitudes towards internet-based selection systems: A cross-cultural comparison. *International Journal of Selection and Assessment, 11*, 230–236.

Harting, J., Jude, N., & Rauch, W. (2003). *Entwicklung und Erprobung eines deutschen Big-Five-Fragebogens auf Basis des International Personality Item Pools (IPIP40)*. Frankfurt a.M.: Johann-Wolfgang-Goethe-Universität.

Hausknecht, J. P., Day, D. V., & Thomas, S. C. (2004). Applicant reactions to selection procedures: An updated model and meta-analysis. *Personnel Psychology, 57*, 639–683.

Hayes, A. F. (2012). *PROCESS: A versatile computational tool for observed variable mediation, moderation, and conditional process modeling.* Retrieved from http://www.afhayes.com/public/process2012.pdf

Huffcutt, A. I., & Arthur, W. J. (1994). Hunter & Hunter (1984) revisited: Interview validity for entry-level jobs. *Journal of applied Psychology, 79*, 184–190.

Huffcutt, A. I., & Culbertson, S. S. (2011). Interviews. In S. Zedeck (Ed.), *APA handbook of industrial and organizational psychology* (2nd ed., pp. 185–203). Washington, D.C.: American Psychological Association.

Huffcutt, A. I., Culbertson, S. S., & Weyhrauch, W. S. (2014). Moving forward indirectly: Reanalyzing the validity of employment interviews with indirect range restriction methodology. *International Journal of Selection and Assessment, 22*, 297–309.

Huffcutt, A. I., Van Iddekinge, C. H., & Roth, P. L. (2011). Understanding applicant behavior in employment interviews: A theoretical model of interviewee performance. *Human Resource Management Review, 21*, 353–367.

Judge, T. A., Erez, A., Bono, J. E., & Thoresen, C. J. (2003). The Core Self-Evaluations Scale: Development of a measure. *Personnel Psychology, 56*, 303–331.

Kersting, M. (2008). Zur Akzeptanz von Intelligenz- und Leistungstests. *Report Psychologie, 33*, 420–433.

Langer, M., König, C. J., & Fitili, A. (2018). Information as a double-edged sword: The role of computer experience and information on applicant reactions towards novel technologies for personnel selection. *Computers in Human Behavior, 81*, 19–30.

Langer, M., König, C., & Krause, K. (2017). Examining digital interviews for personnel selection: Applicants reactions and interviewer ratings. *International Journal of Selection and Assessment, 25*, 371–382.

Levashina, J., Hartwell, C. J., Morgeson, F. P., & Campion, M. A. (2014). The structured employment interview: Narrative and quantitative review of the research literature. *Personnel Psychology, 67,* 241–293.

Linowes, D. F. (1989). *Privacy in America: Is your private life in the public eye?* Urbana, IL: University of Illinois Press.

Malhotra, N. K., Kim, S. S., & Agarwal, J. (2004). Internet users' information privacy concerns (IUIPC): The construct, the scale, and a causal model. *Information Systems Research, 15,* 336–355.

McDaniel, M. A., Whetzel, D. L., Schmidt, F. I., & Maurer, S. (1994). The validity of employment interviews: A comprehensive review and meta-analysis. *Journal of applied Psychology, 79,* 599–617.

Melchers, K. G., Petrig, A., & Sauer, J. (2017). A comparison of conventional and technology-mediated selection interviews with regard to interviewees' performance, fairness perceptions, and affective reactions. *Manuscript submitted for publication.*

Piller, C. (1993). Bosses with X-rays eyes: Your employers may be using computers to keep tabs on you. *Macworld, 10,* 124–130.

Potosky, D. (2008). A conceptual framework for the role of the administration medium in the personnel assessment process. *Academy of Management Review, 33,* 629–648.

Questback GmbH. (2017). EFS Survey. Köln: Questback GmbH.

Ryan, A. M., Inceoglu, I., Bartram, D., Golubovich, J., Reeder, M., Derous, E., Nikolaou, I., & Yao, X. (2015). Trends in testing: Highlights of a global survey. In I. Nikolaou & K. Oostrom (Eds.), *Employee recruitment, selection, and assessment: Contemporary issues for theory and practice* (pp. 136–153). Hove, UK: Psychology Press.

Schmidt, F. L., & Hunter, J. E. (1998). The validity and utility of selection methods in personnel psychology: Practical and theoretical implications of 85 years of research findings. *Psychological Bulletin, 124,* 262–274.(2016). Screencast-O-Matic: Screencast-O-Matic.

Sears, G., Zhang, H., Wiesner, W., Hackett, R., & Yuan, Y. (2013). A comparative assessment of videoconference and face-to-face employment interviews. *Management Decision, 51,* 1733–1752.

Smith, H. J., Milberg, S. J., & Burke, S. J. (1996). Information privacy: Measuring individuals' concerns about organizational practice. *Management Information Systems Quarterly, 20*, 167–196.

Steiner, N. (2012). Analyse der Anforderungen an Studierende der Psychologie: Ein Vergleich der beiden Bachelor-Studiengänge an der Hochschule für Angewandte Psychologie FHNW und am Psychologischen Institut UZH (Masterarbeit). Fachhochschule Nordwestschweiz, Olten.

Stone, D. L., Lukaszewski, K. M., Stone-Romero, E. F., & Johnson, T. L. (2013). Factors affecting the effectiveness and acceptance of electronic selection systems. *Human Resource Management Review, 23*(50-70).

Stone, D. L., Stone-Romero, E. F., & Lukaszewski, K. (2003). The functional and dysfunctional consequences of human resource information technology for organizations and their employees. In D. Stone (Ed.), *Advances in human performance and cognitive engineering research* (pp. 37–68). New York: Elsevier.

Stone, E. F., & Stone, D. L. (1990). Privacy in organizations: Theoretical issues, research findings, and protection strategies. In K. M. Rowland & G. R. Ferris (Eds.), *Research in personnel and human resources management* (pp. 349–411). Greenwich, CT: JAI Press.

Straus, S. G., Miles, J. A., & Levesque, L. L. (2001). The effects of videoconference, telephone, and face-to-face media on interviewer and applicant judgments in employment interviews. *Journal of Management, 27*, 363–381.

Stumpp, T., Muck, P. M., Hülsheger, U. R., Judge, T. A., & Maier, G. W. (2010). Core self-evaluations in germany: Validation of a german measure and its relationships with career success. *Applied Psychology, 59*, 674–700.

Toldi, N. L. (2011). Job applicants favor video interviewing in the candidate-selection process. *Employment Relations, 38*, 19–27.

Truxillo, d. M., Bodner, T. E., Bertolino, M., Bauer, T. N., & Yonce, C. A. (2009). Effects of explanations on applicant reactions: A meta-analytic review. *International Journal of Selection and Assessment, 17*, 346–361.(2018). viasto interview suite: Viasto.

Westermann, R., Elke, H., Spies, K., & Trautwein, U. (1996). Identifikation und Erfassung von Komponenten der Studienzufriedenheit [Identifying and assessing components of student satisfaction]. *Psychologie in Erziehung und Unterricht, 43,* 1–22.

Wiesner, W. H., & Cronshaw, S. F. (1988). The moderating impact of interview format & degree of structure on interview validity. *Journal of Occupational Psychology, 61,* 275–290.

Zeit Online (2008, Oktober 4). Daten von 17 Millionen Kunden gestohlen. *Zeit Online.* Retrieved from https://www.zeit.de/online/2008/41/telekom-datenklau

Zettler, I. (2011). Self-control and academic performance: Two field studies on university citizenship behavior and counterproductive academic behavior. *Learning and individual Differences, 21,* 119–123.

Anhang A

Im folgenden Anhang finden Sie die Eingangsbegrüßung, die Einverständniserklärung, die Interviewfragen mit Verhaltensanker, die erfassten Studiennoten, alle Items die im Vergleich zur angegebenen Quelle verändert wurden sowie die ANOVA zu Hypothese 2a.

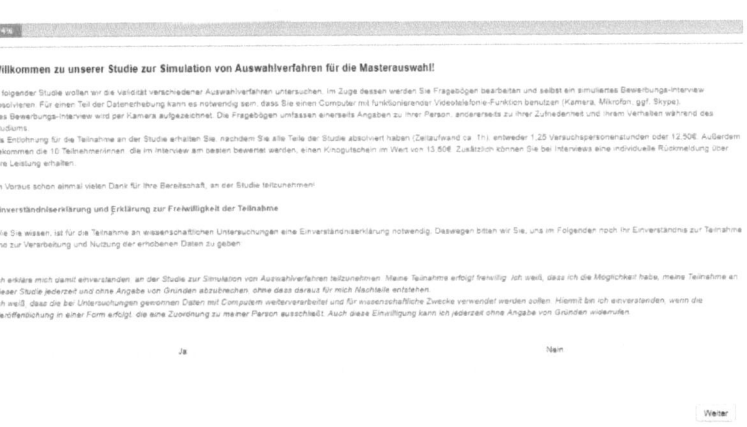

Abbildung A 1. Screenshot Begrüßung und Einverständniserklärung

Text

Willkommen zu unserer Studie zu Simulation von Auswahlverfahren für die Masterauswahl!

In folgender Studie wollen wir die Validität verschiedener Auswahlverfahren untersuchen. Im Zuge dessen werden Sie Fragebögen bearbeiten und selbst ein simuliertes Bewerbungs-Interview absolvieren. Für einen Teil der Datenerhebung kann es notwendig sein, dass Sie einen Computer mit funktionierender Videotelefonie-Funktion benutzen (Kamera, Mikrofon, ggf. Skype). Das Bewerbungs-Interview wird per Kamera aufgezeichnet. Die Fragebögen umfassen einerseits Angaben zu Ihrer Person, andererseits zu Ihrer Zufriedenheit und Ihrem Verhalten während des Studiums.

Als Entlohnung für die Teilnahme an der Studie erhalten Sie, nachdem Sie alle Teile der Studie absolviert haben (Zeitaufwand ca. 1h), entweder 1,25 Versuchspersonenstunden oder 12,50€. Außerdem bekommen die 10 Teilnehmer/innen, die im

Interview am besten bewertet werden, einen Kinogutschein im Wert von 13,50 €. Zusätzlich können Sie bei Interviews eine individuelle Rückmeldung über Ihre Leistung erhalten.

Im Voraus schon einmal vielen Dank für Ihre Bereitschaft, an der Studie teilzunehmen!

Einverständniserklärung und Erklärung zur Freiwilligkeit der Teilnahme

Wie Sie wissen, ist für die Teilnahme an wissenschaftlichen Untersuchungen eine Einverständniserklärung notwendig. Deswegen bitten wir Sie, uns im Folgenden noch Ihr Einverständnis zur Teilnahme und zur Verarbeitung und Nutzung der erhobenen Daten zu geben:

Ich erkläre mich damit einverstanden, an der Studie zur Simulation von Auswahlverfahren teilzunehmen. Meine Teilnahme erfolgt freiwillig. Ich weiß, dass ich die Möglichkeit habe, meine Teilnahme an dieser Studie jederzeit und ohne Angabe von Gründen abzubrechen, ohne dass daraus für mich Nachteile entstehen.

Ich weiß, dass die bei Untersuchungen gewonnen Daten mit Computern weiterverarbeitet und für wissenschaftliche Zwecke verwendet werden sollen. Hiermit bin ich einverstanden, wenn die Veröffentlichung in einer Form erfolgt, die eine Zuordnung zu meiner Person ausschließt. Auch diese Einwilligung kann ich jederzeit ohne Angabe von Gründen widerrufen.

Auswahlinterview - Bewerber

VP-Code: _____

Anfangsbuchstabe Ihres Geburtsorts

Anfangsbuchstabe des ersten Vornamens Ihrer Mutter

Zweiter Buchstabe Ihres Nachnamens

Erster Buchstabe Ihres Geburtsmonates

Datum: _____

Vereinbarte Uhrzeit: _____

Gesprächsbeginn: _____

Gesprächsende: _____

Beobachter: _____

Anhang A

Instruktion:

Im Folgenden werde ich Ihnen verschiedene Fragen zu Ihrem Studium und Ihrem Verhalten während des Studiums stellen. Falls Sie eine Frage nicht richtig verstanden haben, können Sie jederzeit nachfragen und ich werde die Frage dann wiederholen. Während des Interviews werde ich mir Notizen machen, wodurch längere Pausen entstehen können.

Haben Sie nun noch Fragen, bevor wir beginnen?

Biographische Fragen

Allgemeine Anmerkung: Wenn jemand etwas noch nicht erlebt hat, soll er darauf antworten, was er in dieser Situation tun würde.

1. Wie sind Sie vorgegangen, wenn Sie sehr komplexe Inhalte einer Lehrveranstaltung (z. B. Statistik) nicht richtig verstanden haben?

Schlecht	Keine Aktivität, da man trotz der Lücke bestehen wird.
Mittel	Intensive aber nicht so zielgerichtete Aktivität, z.B.: - Die Folien intensiv zu Hause durchgearbeitet, sich aber an den Problemen festgebissen Zielgerichtet aber nicht so intensive Nachbereitung: - Die Folien angeschaut und wenn es zu Unklarheiten kam, einschlägige Fachliteratur (z.B. Bortz) oder Foren benutzt
Gut	Intensive und zielgerichtete Aktivität, z. B.: - Genaue Fragen bzw. Inhalte die man nicht verstanden hat, herausschreiben, und diese im Internet, Buch, mit fähigen Kommilitonen klären, evtl. in die Sprechstunde des Professors gehen - Bereits in der Vorlesung bei unklaren Inhalten nachfragen

☹ ☐ ☐ ☐ ☐ ☐ ☺
   1 2 3 4 5

Punkte:

2. In welchen Situationen haben Sie eine Vorlesung ohne Anwesenheitspflicht ausfallen lassen, obwohl es am Ende der Veranstaltung eine Klausur gab? Und was haben Sie im Hinblick darauf unternommen?

Schlecht	Unwichtige Gründe, wie flexible, unwichtige, private Termine
	Keine oder geringe Nacharbeitung kurz vor der Klausur
Mittel	Wichtige private, berufliche oder studienbezogene Gründe, die sich aber mit Aufwand hätten verschieben lassen
	Intensive aber wenig zielführende Nacharbeit zu Beginn der Klausurenphase:
	- Nur in Büchern nachlesen, obwohl sich die Vorlesung nicht direkt am Buch orientiert und noch einige andere Themengebiete umfasst

Anhang A

Gut	Wichtige unaufschiebbare private, berufliche oder studienbezogene Termine (z.B. Klausuren) Intensive zielführende Nacharbeit direkt und kontinuierlich nach den Fehlterminen: - Folien intensiv durchlesen und schwierige Bereiche nachschauen bzw. nachfragen - Die Folien mit den Vorlesungsaufzeichnungen eines sehr zuverlässigen Studierenden nachgearbeitet. Unklarheiten mit Hilfe von Büchern/Internet/Kommilitonenbefragungen klären. Wenn sich trotz intensiver Bemühungen Probleme nicht lösen ließen, den Dozierenden fragen.

☹ ☐ ☐ ☐ ☐ ☐ ☺
    1 2 3 4 5

Punkte:

3. Wie haben Sie sich vorbereitet, wenn Sie innerhalb eines sehr kurzen Zeitraumes mehrere für Sie wichtige Klausuren geschrieben haben? Wann haben Sie damit begonnen und wie sind Sie vorgegangen?

Schlecht	Oberflächliche, kurzfristige, undurchdachte Vorbereitungsstrategien, z. B.: - Kurz vorher anfangen zu lernen, in dem man die Folien durchliest oder die Vorlesungsaufzeichnungen anhört - Das lernen, was am meisten Spaß macht/ was man am besten kann/... - Schummeln (Krankschreiben, Abschreiben)
Mittel	Effiziente aber kurzfristige Vorbereitung: - Spät anfangen zu lernen. Beim Lernen Priorität auf die wichtigen Dinge legen
Gut	Langfristige, effiziente Vorbereitung: (3 Kriterien für gut Antwort) - Das gesamte Semester den Stoff vor-/nachbereitet und einen Lernplan erstellt. Für wichtige und schwierige Dinge mehr Zeit einplanen. Schwerpunktsetzung beim Lernen anhand der Altklausuren/Prüfungsvorbesprechung des Dozierenden - Falls die Folien des Professors nicht ausreichend oder schlecht verständlich waren, mit Hilfe von diversen Informationsquellen (Kommilitonen, Buch, Internet) nacharbeiten - Prüfungstyp (mündlich, schriftlich z.B. Multiple Choice) berücksichtigen

☹ ☐ ☐ ☐ ☐ ☐ ☺
    1 2 3 4 5

Punkte:

4. Stellen Sie sich vor, Sie müssen eine Präsentation in einer Sprache halten, die Sie nicht fließend sprechen (Englisch, Französisch,...) und nur selten einsetzen.
Wie haben würden Sie sich vorbereiten?

Schlecht	Die Präsentation von einer anderen Person ausarbeiten lassen
	Nur Stichpunkte machen. Während der Präsentation auf Improvisationstalent verlassen
Mittel	Das Konzept vorformulieren und es vorher mehrmals durchsprechen
Gut	Das Konzept gründlich ausarbeiten und einer Person, die sich besser in der Sprache auskennt, zum Überarbeiten gegeben. Für die Präsentation vorher überlegen, was Stärken und Schwächen sind um gezielt daran zu arbeiten

Anhang A

☹ ☐ ☐ ☐ ☐ ☐ ☺
    1 2 3 4 5

_____
_____
_____
_____
_____
_____
_____
_____
_____
_____
_____
_____
_____
_____
_____
_____
_____
_____
_____
_____
_____
_____
_____

Punkte:

5. Wir müssen alle einmal Aufgaben erledigen, die nicht besonders viel Spaß machen. Beschreiben Sie eine Situation, in der Sie eine Aufgabe erledigen mussten, die Sie besonders unangenehm fanden. Was haben Sie deshalb unternommen?

Schlecht	Ich habe die Aufgabe gemacht, aber weniger gegeben als sonst.
	Ich habe mich über die Aufgabe beschwert.
	Ich habe jemanden gebeten, mich bei der Aufgabe zu unterstützen.
	Ich habe versucht, die Aufgabe abzugeben.
Mittel	Ich habe die Aufgabe erledigt, sie aber bis zuletzt aufgehoben.
Gut	Ich habe die Aufgabe sofort erledigt.

Anhang A

☹ ☐ ☐ ☐ ☐ ☐ ☺
    1 2 3 4 5

_____
_____
_____
_____
_____
_____
_____
_____
_____
_____
_____
_____
_____
_____
_____
_____
_____
_____
_____
_____
_____
_____
_____
_____

Punkte:

Situative Fragen

6. Stellen Sie sich vor, Sie absolvieren mit vier weiteren Kommilitonen ein Gruppenprojekt und müssen die Themen und Aufgaben untereinander aufteilen. Sie haben genaue Vorstellungen davon, welchen Bereich Sie übernehmen möchten. Leider hätten auch gern andere Mitglieder aus Ihrer Gruppe dieselbe Aufgabe. Wie würden Sie vorgehen?

Schlecht	Auf das Thema bestehen und sich durchsetzen. Wenn man nicht bekommt, was man möchte zu nicht-konstruktiven Lösungen (z.B. Sabotage) greifen
Mittel	Sagen, was man gerne hätte, aber dann die Anderen entscheiden lassen Überlegen welches Thema noch interessant ist und dann dieses freiwillig nehmen
Gut	Versuchen, eine faire Lösung zu finden. Gemeinsam in der Gruppe diskutieren, wer aufgrund seiner Stärken welche Aufgaben übernehmen sollte. Falls dies zu keiner eindeutigen Lösung führt, ein Verfahren vorschlagen, dass für alle fair ist (z.B. losen)

☹ ☐ ☐ ☐ ☐ ☐ ☺
    1 2 3 4 5

Punkte:

7. Stellen Sie sich vor, Sie haben aufgrund des großen Andrangs keinen Seminarplatz in Ihrem Wunschseminar erhalten und wissen nicht, ob der Kurs später noch einmal angeboten wird. Wie würden Sie vorgehen?

Schlecht	Abwarten und hoffen, dass das Seminar nochmal angeboten wird oder man nachrückt
Mittel	Versuchen einen Platz über eine Tauschbörse zu bekommen. Wenn es nicht funktioniert, einfach ein anderes Seminar belegen
Gut	Zuerst versuchen einen Platz über die Tauschbörse zu bekommen. Falls das nicht klappt, direkt zum Seminar gehen oder den Dozenten vorher fragen, ob es die Möglichkeit gibt nachzurücken. Wenn man trotzdem keinen Platz bekommt, den Dozenten bitten, das Seminar erneut anzubieten

Anhang A

☹ ☐ ☐ ☐ ☐ ☐ ☺
   1   2   3   4   5

_____
_____
_____
_____
_____
_____
_____
_____
_____
_____
_____
_____
_____
_____
_____
_____
_____
_____
_____
_____
_____
_____
_____
_____
_____

Punkte:

8. Stellen Sie sich vor, Sie müssen für Ihre Abschlussarbeit eine große Anzahl an wissenschaftlichen Artikeln innerhalb kurzer Zeit lesen und durcharbeiten. Wie würden Sie dabei vorgehen?

Schlecht	Zufällig zu lesen anfangen und dann assoziativ weiterlesen. Wichtige Dinge wird man sich schon im Kopf merken können.
Mittel	Alle Artikel überfliegen um einen Überblick zu bekommen und während des Schreibprozesses wichtige Artikel genauer lesen. Nur die Reviews und Metaanalysen lesen und sich Stichpunkte machen.
Gut	Zuerst die Artikel nach Wichtigkeit sortieren. Review-Artikel, Meta-analysen oder Artikel, die genau die Fragestellung aufgreifen, zuerst lesen. Sich wichtige Dinge herausschreiben (Exzerpte, Tabellen etc.) um später beim Schreiben darauf zurückgreifen zu können. Literaturordnungssystem anlegen, um die Artikel später schnell wiederfinden zu können.

☹ ☐ ☐ ☐ ☐ ☐ ☺
   1 2 3 4 5

___

Punkte:

9. Stellen Sie sich vor, in einer Vorlesung wird angeboten, dass Sie an einer Übungsklausur 2 Wochen vor der eigentlichen Klausur teilnehmen können, um sich auf die Prüfung vorzubereiten. Da Sie die Übungsklausur nicht abgeben müssen und die Ergebnisse auch nicht veröffentlicht werden, erfährt niemand, wie Sie abschneiden. Was würden Sie tun?

Schlecht	Nicht hingehen. Falls man doch hingeht, nicht vorbereiten.
Mittel	Um den Fragestil des Professors kennenzulernen hingehen, sich aber nur sporadisch vorbereiten.

Gut	Frühzeitig mit dem Lernen für die richtige Klausur beginnen. Wenn die Übungsklausur ansteht, schon recht weit in der Vorbereitung sein. Die Übungsklausur als Kontrolle für das bisher Gelernte benutzen. So kann man seine Problembereiche aufdecken und sich hinterher beim Lernen stärker auf diese konzentrieren.

☹ ☐   ☐   ☐   ☐   ☐ ☺
    1   2   3   4   5

Punkte:

10. Stellen Sie sich vor, Sie fallen durch eine wichtige Prüfung überraschend durch, obwohl Sie sich gut vorbereitet hatten. Wir würden Sie sich für eine mögliche Nachholklausur vorbereiten?

Schlecht	Durch die letzte Klausur ist man durch Zufall gefallen. Zum Nachholtermin ohne große Vorbereitung gehen, man wird diesmal schon bestehen.
Mittel	Sich erneut auf die Prüfung vorbereiten und diese zum nächstmöglichen Termin wiederholen.
Gut	Zuerst versuchen herauszufinden wo die Problembereiche liegen. Diese vertieft wiederholen. Falls zu große Defizite da sind, die Veranstaltung erneut besuchen und gleichzeitig mit alten Prüfungsfragen üben.

Anhang A

☹ ☐ ☐ ☐ ☐ ☐ ☺
   1 2 3 4 5

Punkte:

	Ulm	Saarbrücken
Statistik 1	✓	✓
Statistik 2	✓	✓
Einführung in die Forschungsmethoden	✓	✗
Einführung in die Psychologie	✓	✗
Versuchsplanung und Testtheorie	✓	✓
Allgemeine Psychologie I (Vorlesung)	✓	✓

Anhang A

Allgemeine Psychologie II (Vorlesung)	✓	✓
Biologische Psychologie (Vorlesung)	✓	✓
Entwicklungspsychologie (Vorlesung)	✓	✓
Sozialpsychologie 1 (Vorlesung)	✓	✓
Sozialpsychologie 2 (Vorlesung)	✓	✗
Diagnostik (Vorlesung)	✓	✗
Diagnostik 2 (Vorlesung)	✗	✓
Differentielle Psychologie (Vorlesung)	✓	✓
Pädagogische Psychologie (Vorlesung)	✓	✗
Kognition Lernen und Entwicklung 1 (Vorlesung)	✗	✓
Kognition Lernen und Entwicklung 2 (Vorlesung)	✗	✓
Klinische Psychologie 1 (Vorlesung)	✓	✓
Arbeits- und Organisationspsychologie 1a (Vorlesung)	✓	✓
Arbeits- und Organisationspsychologie 1b (Vorlesung)	✓	✗

Tabelle A 1. Erhobene Noten

Privacy Concerns – Trait

Malhotra et al. (2004)

- Alle persönlichen Informationen in computergestützten Datenbanken sollten doppelt auf ihre Genauigkeit überprüft werden - egal wie hoch die Kosten sind.
- Computergestützte Datenbanken, die persönliche Informationen beinhalten, sollten vor unberechtigtem Zugriff geschützt werden.
- Wenn ich alle Informationen berücksichtige, bin ich der Meinung, dass das Internet die Privatsphäre ernsthaft beeinträchtigen könnte.
- Ich bin der Meinung, dass andere Leute zu besorgt über Datenschutz im Rahmen der Online-Nutzung sind. (r)
- Im Vergleich zu anderen Dingen, die mir durch den Kopf gehen, ist mir Datenschutz sehr wichtig.

Harris et al. (2003)

- Auch in die sicherste Internetverbindung kann eingebrochen werden, wenn jemand möchte.

- Informationen (z. B. meine Antworten in einem Interview), die ich über das Internet einreiche, können in die Hände von Leuten fallen, von denen ich nicht will, dass sie sie sehen.
- Es ist vermutlich einfacher in einem psychologischen Test über das Internet zu betrügen, als in einem, der in schriftlicher Form durchgeführt wird.
- Informationen, die über das Internet verwaltet werden, werden häufiger gestohlen als schriftliche.

Privacy Concerns – State

Malhotra et al. (2004)
- In einem solchen Interview ist es mir wichtig, dass meine Privatsphäre geschützt ist.
- In einem solchen Interview bin ich besorgt über meine Privatsphäre.

Langer et al. (2017)
- Solche Interviews bedrohen die Privatsphäre der Teilnehmer.
- Persönliche Daten, die in solchen Interviews übermittelt werden, könnten missbraucht werden.

Smith et al. (1996)
- Die Informationen, die ich im Interview preisgegeben habe, werde sich verwahrt.

Computer Self-efficacy

Langer et al. (2018)
- Ich habe Schwierigkeiten, wenn ich versuche, den Umgang mit einem neuen Computerprogramm zu erlernen.
- Ich finde es schwierig, Computer dazu zu bringen, das zu tun, was ich von ihnen will.
- Was Computer anbelangt, halte ich mich selbst für nicht sehr kompetent.
- Ich bin in der Lage eine Programmiersprache zu erlernen.
- Ich halte mich selbst für einen geschickten Computernutzer.
- Ich kann anderen Leuten bei ihren Computerproblemen helfen.

Cassidy und Eachus (2002)
- Ich finde das Arbeiten mit Computern sehr einfach.
- Ich bin sehr unsicher bezüglich meiner Fähigkeiten einen Computer zu nutzen.
- Computer machen mich viel produktiver.
- Das Nutzen von Computern macht Lernen interessanter.
- Ich scheine immer Probleme mit der Nutzung von Computern zu haben.
- Computer sind viel zu kompliziert für mich.
- Computer sind eine gute Hilfe beim Lernen.
- Computer helfen mir viel Zeit zu sparen.
- Ich finde das Arbeiten mit Computern sehr frustrierend.

	ANOVA			Post-Hoc		
	df	F	p	Bedingung	Mittlere Differenz	p
Opportunity to perform (prä)	2	6.06	.00	FTF VC	.72	.03
				Asy	.87	.01
				VC Asy	.15	.91
Two-way communication (prä)	2	17.78	.00	FTF VC	.14	.90
				Asy	1.26	.00
				VC Asy	1.11	.00
Flexibilität (prä)	2	22.28	.00	FTF VC	-.82	.00
				Asy	-1.43	.00
				VC Asy	-.61	.01
Einschätzung Gesamtfairness (prä)	2	3.16	.05	FTF VC	.37	.46
				Asy	.71	.05
				VC Asy	.33	.52
Two-way communication (post)	2	20.24	.00	FTF VC	-.05	.10
				Asy	1.41	.00
				VC Asy	1.46	.00
Flexibilität (post)	2	8.67	.00	FTF VC	-.76	.00
				Asy	-.86	.00
				VC Asy	-.10	.10

Tabelle A 2. ANOVA und Gabriel Post-Hoc Test der Fairness-Unterskalen